CW01621851

Józef Mehoffer

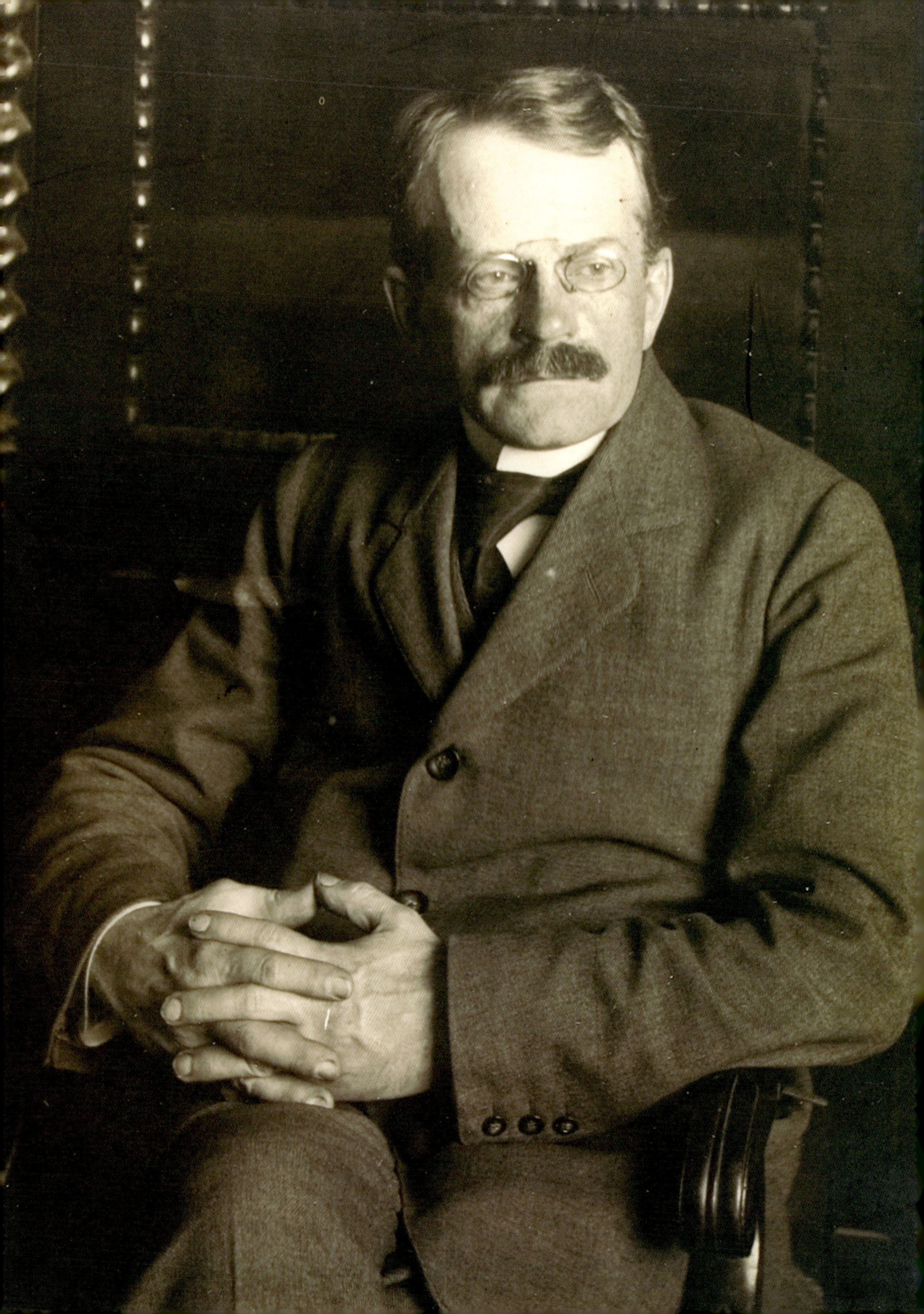

Kolekcja Muzeum Narodowego w Krakowie The collection of the National Museum in Cracow

Józef Mehoffer

Anna Zeńczak
Joanna Wapiennik-Kossowicz

BOSZ

Projekt graficzny / Design
Władysław Pluta

Tekst i opracowanie merytoryczne oraz wybór dzieł / Text, selection, and art historical consultation
Anna Zeńczak, Joanna Wapiennik-Kossowicz

Reprodukcje / Reproductions
Andrzej Chęć (s. / p. 5, 8–10, 13, 20–23, 25, 28, 31–32, 36–42, 46–49, 52, 63–64, 68, 70, 76–79, 82–83, 87;
Janusz Kozina (s. / p. 18, 50, 51, 54, 58); Jacek Świderski (s. / p. 12, 14–17, 19, 24, 26–27, 29–30, 33–35, 43–45, 55, 59, 65–66, 88–92);
Archiwum MNK (s. / p. 6–7, 53, 56–57, 60–62, 67, 69, 71–75, 80–81, 85)

Fotografia na stronie drugiej / Photograph on p. 2
Fotografia Józefa Mehoffera z 1925 roku, Muzeum Narodowe w Krakowie
1925 photograph of Józef Mehoffer, National Museum in Cracow

Koordynacja prac redakcyjnych / Co-ordinating editors
Joanna Kułakowska-Lis, Maciej Haudek

Tłumaczenie / Translation
Teresa Bałuk-Ulewiczowa

Korekta / Proof-read by
Elżbieta Białoń

DTP
Bosz, Maciej Haudek

Skanowanie / Scanning
studio qBa, Jakub Jewuła, Kraków

Druk / Print
Sun Fung Offset Binding Co., Ltd.
Printed in China

Wydawca / Publisher
Wydawnictwo Bosz

ISBN 83-89747-33-2

Wydanie pierwsze / First Edition

© Copyright by Bosz
Olszanica 2006

© Copyright for the works and texts by Muzeum Narodowe w Krakowie

Muzeum Narodowe w Krakowie
Gmach Główny
Al. 3 Maja 1
30-062 Kraków
tel. +48 (12) 29 55 600
www.muzeum.krakow.pl

BOSZ

38-622 Olszanica 311
Biuro / Office: ul. Parkowa 5, 38-600 Lesko
tel. +48 (13) 469 90 00
fax +48 (13) 469 61 88
www.bosz.com.pl
e-mail: biuro@bosz.com.pl

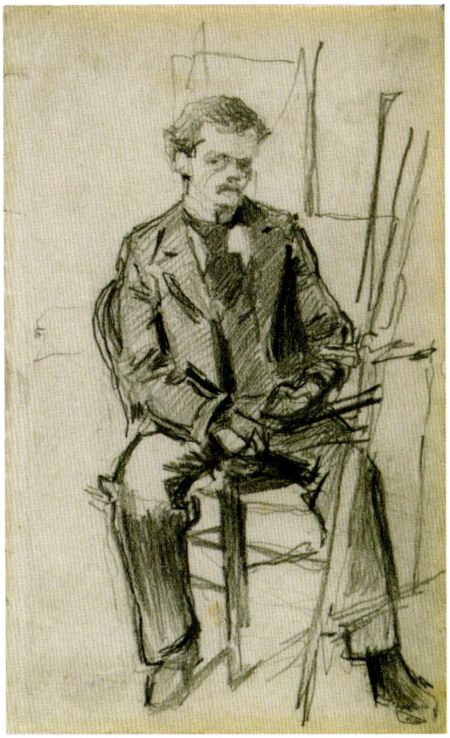

Autoportret przy sztaludze
1895
kartka ze szkicownika
ołówek, papier
16,1 × 10,0 cm
MNK III-r.a. 10 237

Self-Portrait at the Easel
1895
page from sketchbook
pencil on paper
16.1 × 10.0 cm

Wstęp

Ramy czasowe artystycznej działalności Józefa Mehoffera (1869–1946) obejmują ponad półwiecze: od prac młodzieńczych, wykonywanych jeszcze pod okiem Matejki około roku 1890, aż po te z lat drugiej wojny światowej. W tym czasie jego twórczość znacząco ewoluowała. Najwybitniejsze dzieła artysty powstały w szeroko rozumianym okresie przełomu wieków XIX i XX, określanym mianem Młodej Polski, kiedy to sztuka polska osiągnęła niespotykaną wcześniej ani też później bujność, żywiołowość i bogactwo.

W plejadzie młodopolskich indywidualności artystycznych Józef Mehoffer zajmuje ważne miejsce. Uprawiał wiele dziedzin sztuk plastycznych. Projektował malarstwo ścienne i witraże i z reguły osobiście uczestniczył w ich realizacji. Tworzył obrazy sztalugowe, grafikę warsztatową i użytkową. Wykonywał liczne studia rysunkowe – zwykle węglem lub czarną kredką. Posługiwał się akwarelą i gwaszem, próbował też sił w pastelu. W jego dorobku znalazły się aranżacje wnętrz, zrealizowane projekty dwu własnych ogrodów, projekty scenografii.

Swoje poglądy i refleksje na temat sztuki publikował w formie rozpraw i artykułów. Pozostawił obszerny dziennik (1891–1897) oraz bogatą korespondencję. Należał do grona założycieli Towarzystwa Artystów Polskich „Sztuka" (1897). Przez lata był profesorem w krakowskiej uczelni artystycznej i parokrotnie piastował godność jej rektora. Zdobył liczne nagrody w kraju i za granicą.

Introduction

The artistic work of Józef Mehoffer (1869–1946) spans well over half a century, from his juvenilia made around 1890 under the supervision of Jan Matejko, to works completed during the Second World War. His creative identity evolved considerably over this period. His best works were accomplished at the turn of the centuries, in the period known as *Młoda Polska* ("Young Poland"), when Polish art attained an exuberance, vitality and richness it had never experienced before, nor would reach again later. Józef Mehoffer commands a signal position in the *pleïade* of personalities in the *Młoda Polska* arts. He worked in many of the genres of painting and drawing. He designed murals and stained glass, and usually assisted in their making. He created easel paintings and graphic designs, both the workshop and the applied art types. He drew innumerable studies, usually in charcoal or black crayon. He made use of water-colours and gouache, and tried his hand at pastels. His oeuvre included interior design as well as the designs for two of his own gardens and for the stage.

He published his views and reflections on art in a series of essays and articles. He left a substantial diary (1891–1897) and an abundant collection of correspondence. He was a founding member of Sztuka, a society of Polish artists (1897). For many years he held a professorship in Cracow's academy of arts, and was its rector for several terms. He received numerous Polish and foreign awards.

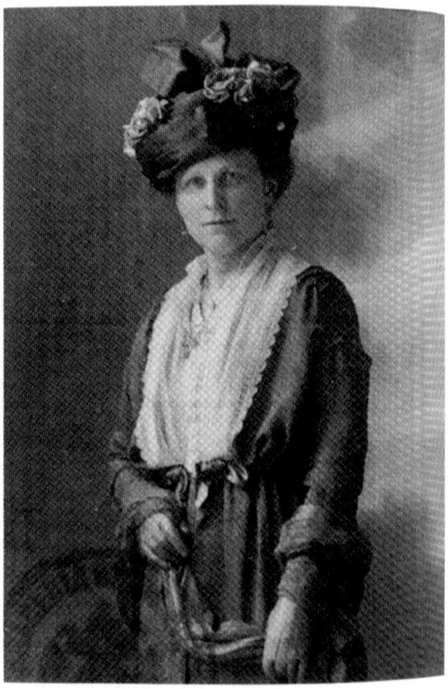

Jadwiga z Janakowskich Mehofferowa
1915
fotografia
MNK

Jadwiga Mehofferowa née Janakowska
1915
photograph

W Krakowie mieszkał od dzieciństwa. Wcześnie osierocony przez ojca – radcę sądowego, potomka przybyłej do Galicji rodziny austriackiej, wychowywany był, wraz z braćmi, przez matkę – Aldonę z Polikowskich. Wśród szkolnych kolegów Mehoffera znaleźli się przyszli luminarze kultury polskiej – tej miary, co Stanisław Estreicher, Henryk Opieński, Lucjan Rydel, Stanisław Wyspiański.

Jako student krakowskiej Szkoły Sztuk Pięknych – wówczas pod dyrekturą Jana Matejki – uczestniczył w pracach restauratorskich w kościele Mariackim w Krakowie. Doświadczenia tam zdobyte ukierunkowały jego zainteresowania w stronę witrażu i dekoracyjnego malarstwa ściennego, co wkrótce okazało się zbieżne z tendencjami nowej sztuki.

Kolejnym ważnym etapem kształtowania osobowości twórczej artysty były lata paryskie (1891–1896, z roczną przerwą) – studia – m.in. w Academie Colarossi i w Academie des Beaux Arts oraz kontakt ze sztuką dawną i współczesną. Przez pewien czas mieszkał i pracował wspólnie z Wyspiańskim. W Paryżu poznał swą późniejszą żonę, Jadwigę Janakowską, przybyłą tam z Monachium dla kontynuowania nauki malarstwa.

W pełni indywidualny wyraz, charakteryzujący się solidnym warsztatem i widocznymi odwołaniami do tradycji artystycznej, a zarazem dekoracyjnością i secesyjną stylizacją, sztuka Mehoffera osiągnęła tuż przed rokiem 1900.

W obszarze malarstwa sztalugowego artysta tworzył

Mehoffer lived in Cracow ever since early childhood. Having lost their father, a legal advisor whose forbears had moved to Galicia (the Austrian zone of partitioned Poland) from Austria, Józef and his brothers were brought up by their mother, Aldona née Polikowska. His schoolmates included some of the future luminaries of Polish culture, people like Stanisław Estreicher, Henryk Opieński, Lucjan Rydel, and Stanisław Wyspiański. When still a student of the Cracow School of Fine Arts, then under the directorship of Jan Matejko, Mehoffer participated in the restoration work in St. Mary's Church. This experience directed his attention to stained glass and decorative murals, forms which would soon find themselves among the most popular in the new trends.

The next important stage in the development of his artistic personality was a stay in Paris (1891–1896, with a year's intermission), for study in the Académie Colarossi and the Académie des Beaux Arts, and the encounter of the contrast between the old and new art. In Paris he met his future wife, Jadwiga Janakowska, who had come from Munich to continue her art education.

Just before 1900 Mehoffer's work achieved a fully individual expression, marked by a rigorous workshop and patent reference to artistic tradition but at the same time full of a decorativeness and stylisation characteristic of the Secession. His main creations in easel painting were portraits. Usually he would present his subject foregrounded against an ornamental backdrop such as

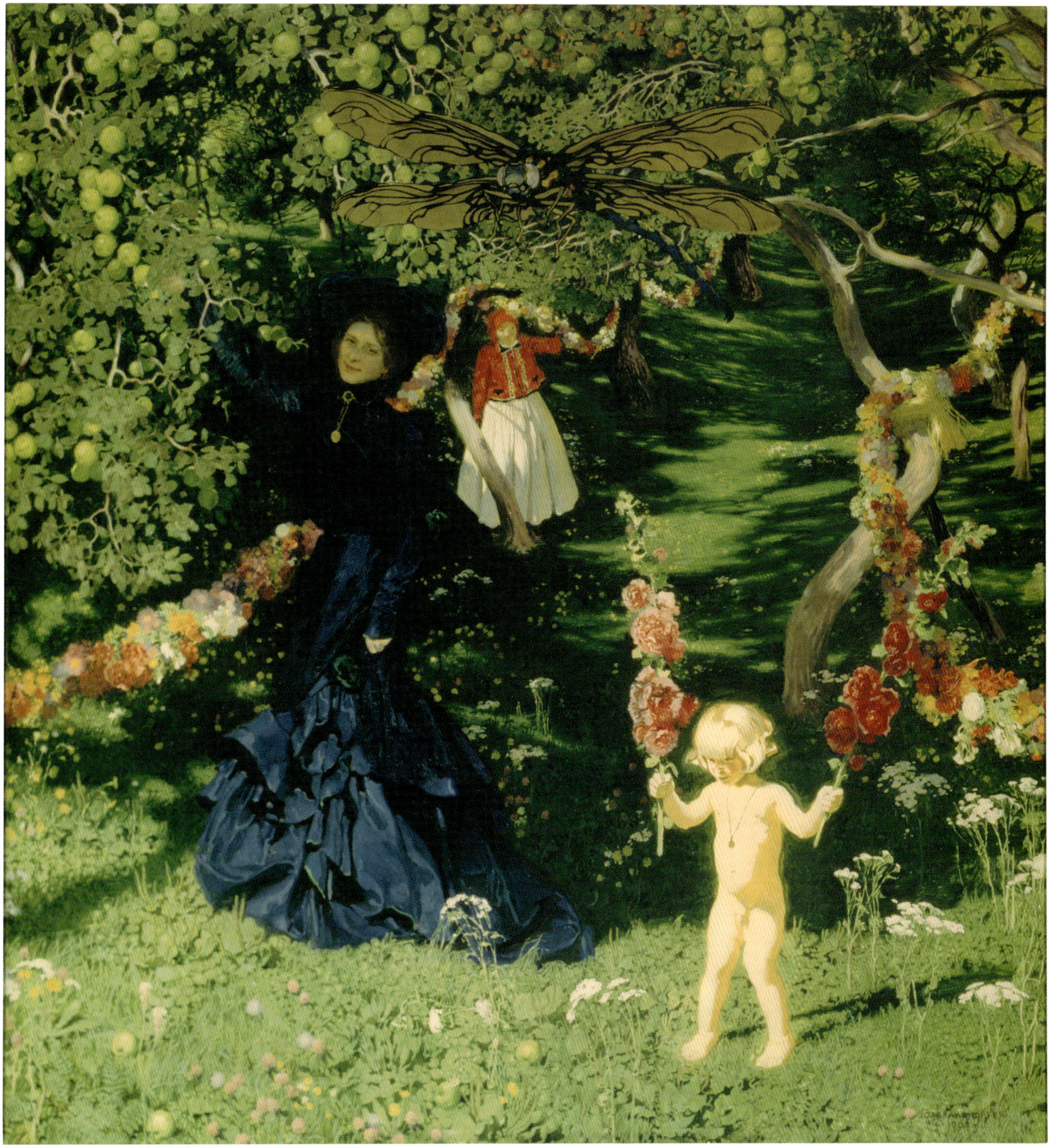

Józef Mehoffer
Dziwny ogród
1892
olej, płótno
217,0 × 208,0 cm
MNW

Józef Mehoffer
The Strange Garden
1892
oils on canvas
217.0 × 208.0 cm

głównie portrety. Postać ujmował najczęściej w bliskim planie, zwykle na ornamentalnie zaaranżowanym tle (makata, kilim, fragment wnętrza o dekoracyjnych walorach etc.), dopełniającym w wielu wypadkach jej charakterystyki. Dużą wagę przywiązywał też do piękna ubiorów, postrzegając je jako

a tapestry or decorative interior complementing the subject's characteristics. He also attached great importance to elegant apparel, perceiving this as an expression of the age's style. In Mehoffer's works costume was an integral and important part of the decoration. Often his subject would be his wife, always elegant

wyraz stylu epoki – w pracach Mehoffera stawały się one istotnym elementem dekoracyjnej całości. Często pozowała mu żona, zawsze modna, strojna w niezwykłe kapelusze, boa, brosze, strusie pióra, falbany, pelerynki etc., etc. To ją właśnie, a także ich małego synka, pod złotymi skrzydłami ogromnej ważki, przedstawia najświetniejszy obraz malarza – *Dziwny ogród*.

Z czasem ważne miejsce w twórczości Mehoffera zyskały pejzaże: bukoliczne, rozpostarte w słonecznej ciszy sady, ogrody, pola. Wiele z nich powstało

and dressed in the latest fashion, sporting elaborate hats, wrapped in a boa, showing off a brooch, fluttering in frills, ostrich feathers, shoulder-cloaks etc. She is the subject, along with their baby son, under the golden wings of a huge dragon-fly, in Mehoffer's best painting, *The Strange Garden*.

With time landscape painting would become a salient component of Mehoffer's work. Bucolic orchards, gardens, or fields, stretching out in a sunlit silence, many of his landscapes were painted before 1917 at his country home in Jankówka, or

Józef Mehoffer
Józef Mehoffer i Stanisław Wyspiański na wieczornym spacerze ulicami miasta
Fragment projektu kurtyny do Teatru Miejskiego w Krakowie
1892
olej, płótno
wymiary całości
112,5 × 144,0 cm
Muzeum Uniwersytetu Jagiellońskiego

Józef Mehoffer
Józef Mehoffer and Stanisław Wyspiański on an Evening Stroll in Town
detail from a design for the theatre curtain for the Cracow Municipal Theatre
1892
oils on canvas
full dimensions
112.5 × 144.0 cm
Jagiellonian University Museum

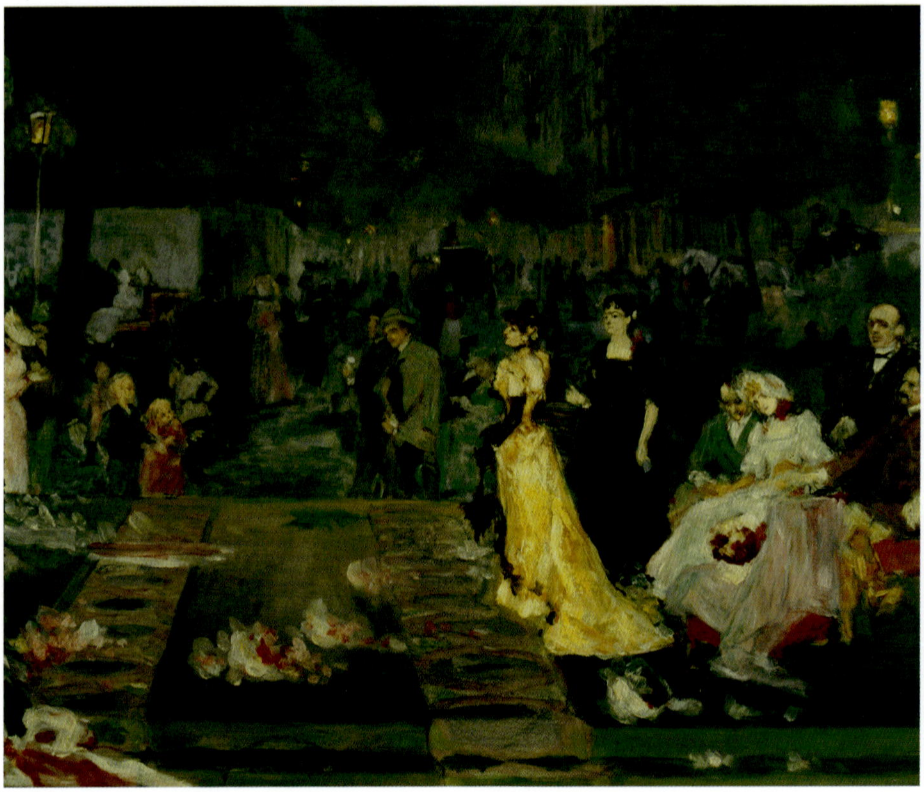

przed 1917 rokiem w jego posiadłości w Jankówce oraz w okresie międzywojnia, podczas wakacyjnych pobytów artysty w zaprzyjaźnionych ziemskich majątkach, m.in. Popielów czy Mycielskich. Chętnie malował kwiaty, rzadziej sceny rodzajowe.

Osobno na uwagę zasługują ilustracje i winiety do „Chimery" – pełne finezji i polotu,

in the 1920s and 30s during his holiday visits to the country estates of friends such as the Popiel or Mycielski families. He liked to paint floral arrangements, and occasionally would do a generic scene. A separate branch of his work meriting attention are the illustrations and vignettes he drew for the art magazine *Chimera* – imaginative and full of finesse,

znakomicie współbrzmiące z modernistycznym charakterem pisma.

Wiele czasu poświęcał Mehoffer monumentalnej sztuce dekoracyjnej. Możliwości na tym polu stwarzały prowadzone od XIX wieku renowacje zabytków, głównie kościołów, oraz budowa nowych reprezentacyjnych gmachów. W Krakowie artysta skupił uwagę na katedrze wawelskiej – dawnym kościele koronacyjnym królów polskich i narodowym panteonie. Z 1901 roku pochodzi polichromia kaplicy skarbca katedralnego – oryginalna, fascynująca bogactwem ornamentyki, dynamiką form, wyszukaną kolorystyką, ekspresją i liryzmem przedstawień figuralnych. Pod względem ideowym wyraża chwałę i dramat narodu ujęte w perspektywie religijnej. W kolejnych latach katedrę ozdobiły jeszcze inne prace artysty, wśród których należy wymienić przede wszystkim witraże w nawach. Spośród dekoracji o charakterze świeckim na uwagę szczególnie zasługuje projekt całościowej aranżacji sali posiedzeń Izby Handlowej i Przemysłowej w Krakowie (1906–1907), inspirowany w znaczącej mierze zdobnictwem ludowym.

Dzieło życia Józefa Mehoffera znajduje się jednak gdzie indziej: w Szwajcarii, we fryburskiej, gotyckiej katedrze pw. Świętego Mikołaja. Jest to monumentalny zespół witraży z lat 1895–1936 w ośmiu parach dwudzielnych okien kaplic naw oraz w pięciu oknach prezbiterium.

Punktem wyjścia dla artysty była gruntowna znajomość witrażu średniowiecznego (zasad

an ideal match for the magazine's Modernist profile.

Mehoffer devoted a huge amount of time to monumental decorative art. The restoration projects carried out from the 19th century on, chiefly in churches, and the construction of new representational buildings offered numerous opportunities for this kind of work. In Cracow his attention concentrated on Wawel Cathedral, the nation's pantheon and once the coronation church of the kings and queens of Poland. In 1901 he painted the polychromy in the Cathedral's Treasury chapel – an extraordinary design, with a fabulously rich ornamentation, full of vibrant shapes and sparkling with a refined spectrum of colours, resplendent with the lyrical expressiveness of its figural representations. Its theme is the glory and dramatic history of the Polish nation presented from a religious perspective. In later years more works by Mehoffer, especially the stained-glass windows in the naves, would accrue to the Cathedral's decorations. Of his secular decorations an especially noteworthy work is the design of the entire interior decoration of the meeting room in the Chamber of Commerce and Industry in Cracow (1906–1907).

However, Mehoffer's opus vitae was to be accomplished in Switzerland, in the Gothic Cathedral of St. Nicholas at Fribourg. It consists of a monumental set of stained glass, made in 1895–1936 and arranged in eight pairs of double windows in the chapels along the naves and in five windows in the chancel.

His point of departure for this task was a thorough knowledge of mediaeval stained glass and

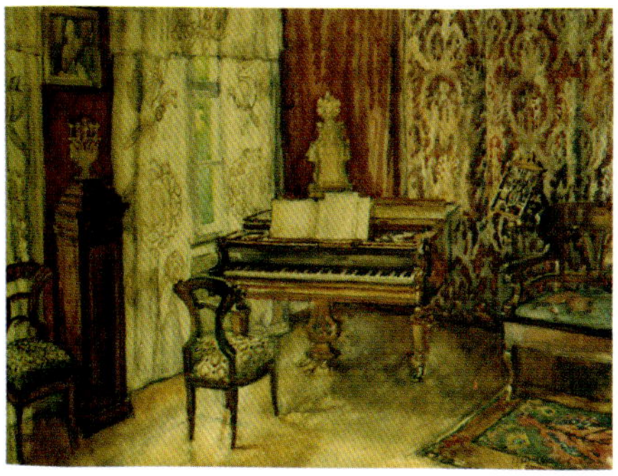

Józef Mehoffer
Wnętrze salonu na Krupniczej
1941
akwarela,papier
48,0 × 65,0 cm
MNK III-r.a.-16 608

Józef Mehoffer
Drawing Room Interior in the Ulica Krupnicza House
1941
watercolours on paper
48.0 × 65.0 cm

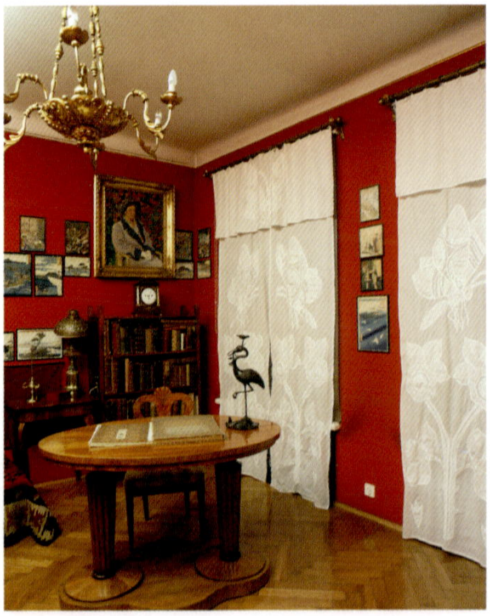

Pokój japoński
Fragment obecnej ekspozycji w Domu Józefa Mehoffera

The Japanese Room
part of the present-day exhibition in Mehoffer House

zestawiania barwnych szkieł rozświetlanych żywym dziennym światłem, rysunkowej i estetycznej roli ołowianych spoin, okiennej kamieniarki, etc.). Urodą i siłą wyrazu wyróżniają się okna kaplic, utrzymane w większości w secesyjnej stylistyce. Widz pozostaje pod wrażeniem gamy ich barw i form, rozmachu, żywiołowej siły i jednocześnie absolutnej harmonii kompozycji, wyrazistej charakterystyki postaci, bogactwa ornamentów. W witrażach tego zespołu wątek religijny splata się ze świeckim, dotyczącym dziejów Fryburga.

Mehoffer, nie porzucając zasad realistycznego widzenia, chętnie posługiwał się symbolem i alegorią, czasami kreował też nieco baśniowy klimat swoich prac. Twórczo korzystał z wzorów tradycyjnej ikonografii, a warstwa treściowa wielu dzieł oraz ich sfera odniesień jest wyjątkowo bogata. Nutę dominującą w twórczości artysty stanowi pochwała urody życia, nie pozbawiona jednak refleksji nad jego przemijaniem.

the principles it employed for colour arrangements in glass illuminated by natural light, the outlining and aesthetic role of the lead casings and masonry of the window-frames etc. Most of the stained-glass windows in the chapels are in the Secession style and are remarkable for their beauty and expressiveness. The observer is fascinated by their riot of colours and shapes, their natural vigour, and at the same time by the harmony of the composition, the force of expression of the figures and the richness of the ornamentation. In Mehoffer's design the religious motif blends in with the secular history of Fribourg.

Although he never abandoned the principles of realistic perception, Mehoffer liked to resort to symbols and allegories. Occasionally in his works he would conjure up a world of fantasy. He made creative use of the traditional iconographic models. Many of his works carry an extremely rich subject-matter and intricate set of references. The main theme running through his creations is the joy of life, but often it is accompanied by reflection on transience.

Kolekcja

W 1986 roku udostępniono publiczności dom artysty przy ulicy Krupniczej 26 w Krakowie jako Dom Józefa Mehoffera, będący oddziałem Muzeum Narodowego w Krakowie. We wnętrzach domu, urządzonych z troską o autentyzm, przywołano dawną atmosferę. Dzięki depozytom – m.in. rodziny oraz zbiorom własnym Muzeum, znalazły się tu – jak niegdyś – liczne dzieła malarza, w tym wiele z epoki Młodej Polski: obrazy olejne, witraże, projekty, rysunki etc., łącznie około stu prac w ekspozycji stałej, na którą składają się też meble i inne elementy dawnego wyposażenia. Uroku temu miejscu dodaje założony przez malarza ogród, przywrócony ostatnio do dawnej świetności. Osobno Muzeum Narodowe w Krakowie przechowuje depozyt szesnastu monumentalnych kartonów do witraży fryburskich z lat 1895–1918. Trzy z nich znajdują się w Galerii Sztuki Polskiej XX wieku w Gmachu Głównym. Wśród bogactwa dzieł wielu wybitnych twórców młodopolskich stanowią akcent bardzo istotny i znamienity. Pozostałe kartony z tego zespołu udostępniane są przy specjalnych okazjach.

The Collection

In 1986 Józef Mehoffer's house at ulica Krupnicza 26 in Cracow opened to the public. Mehoffer House is now a museum, a branch of the National Museum in Cracow. Its interiors have been arranged with meticulous attention to evoke the atmosphere of their past. Thanks to the deposits made by the artist's family and to the Museum's collections the House is now furnished with period pieces in the Młoda Polska style and numerous works by Mehoffer: oil paintings, stained glass, designs, drawings, etc. – as it used to be in times past. There are about a hundred exhibits on permanent display, many of them items of furniture and other fixtures from the House's original interior decoration. The House is set in a delightful garden designed by Mehoffer and reecently restored to its original splendour.
The National Museum in Cracow keeps a separate deposit of sixteen monumental cartoons of the Fribourg stained-glass windows made in 1895–1918. Three of them are in the Twentieth-Century Polish Art Exhibition Gallery in the Museum's Main Building. They make up a splendid and salient contribution to the abundant collection of works by many outstanding artists. The remaining cartoons from this collection are exhibited for special occasions.

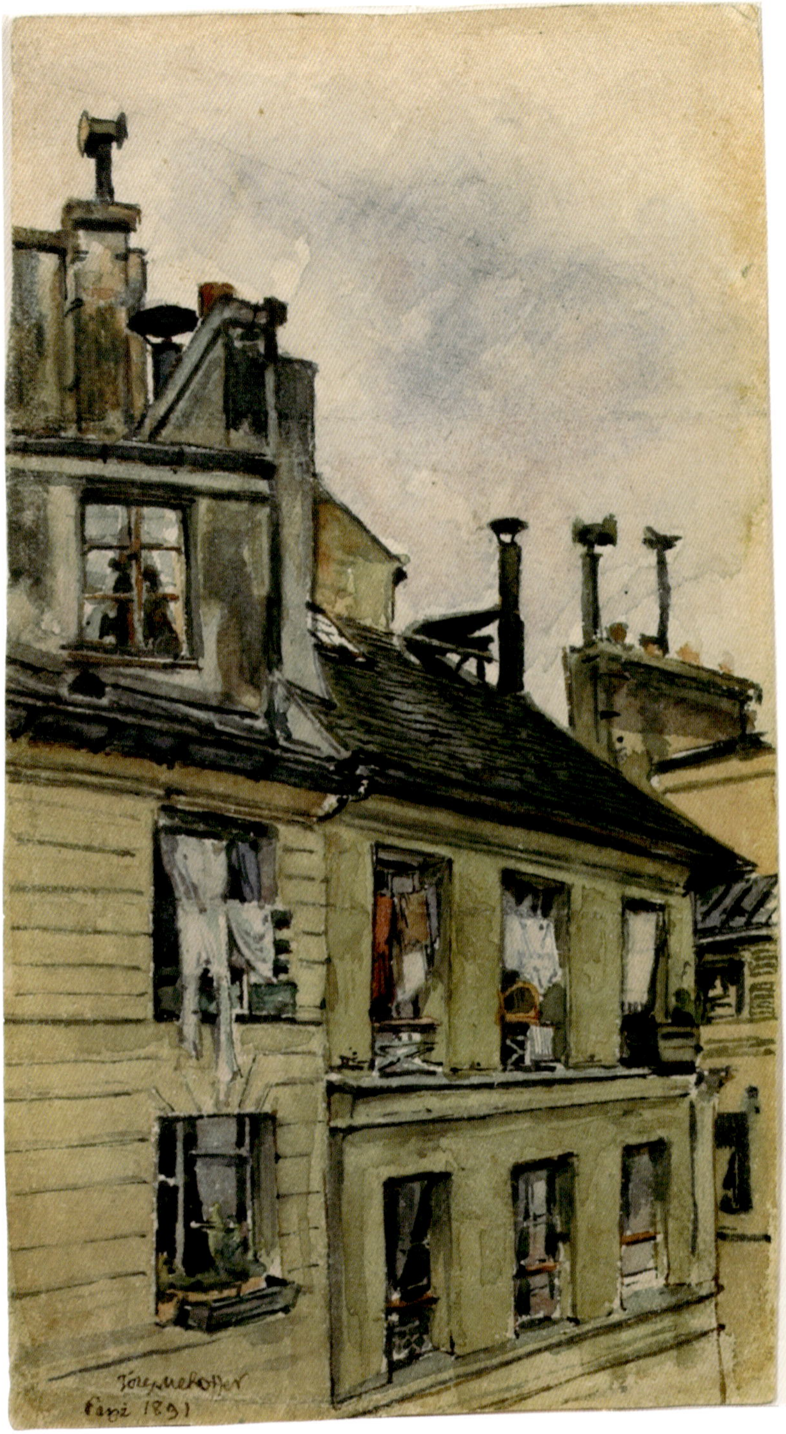

Widok z okna pracowni Mehoffera i Wyspiańskiego w Paryżu
1891
akwarela, papier
19,0 × 10,5 cm
sygn. i dat. p.d.:
Józef Mehoffer / Paryż 1891

View from the Window of Mehoffer and Wyspiański's Paris Studio
1891
watercolours on paper
19.0 × 10.5 cm
signed and dated l.r.
Józef Mehoffer / Paryż 1891

Akwarela wiąże się z okresem stypendialnego pobytu Mehoffera w Paryżu w latach studenckich. Nad Sekwanę przybył w marcu 1891 roku. Wkrótce dołączył do niego Stanisław Wyspiański. Młodzi malarze zamieszkali przy uliczce l'Echaudé. W liście do matki z 9 czerwca Mehoffer pisał: „W mieszkaniu naszym jesteśmy urządzeni kompletnie i kontenci jesteśmy, bo mieszkając w samym środku miasta, żyjemy ukryci w kąciku wśród małych uliczek. Patrząc na nie z naszego okna, nikt by się nie domyślił, że oddziela nas od wielkiego Paryża, Sekwany, Luwru parę minut drogi. Wszędzie blisko…".

This water-colour is associated with Mehoffer's student days in Paris. He arrived in Paris in March 1891 and was soon joined by Stanisław Wyspiański. The two young painters lived in the rue l'Echaudé. In a letter of 9th June to his mother Mehoffer wrote, "Our apartment is fully furnished and we are pleased to be living hidden away among the small streets, though in the very centre of the city. Looking out on them from our window, no-one could guess that we are but a few minutes' walk away from the great Paris, the Seine, and the Louvre. It's all close at hand…".

MNK III-r.a.-11174

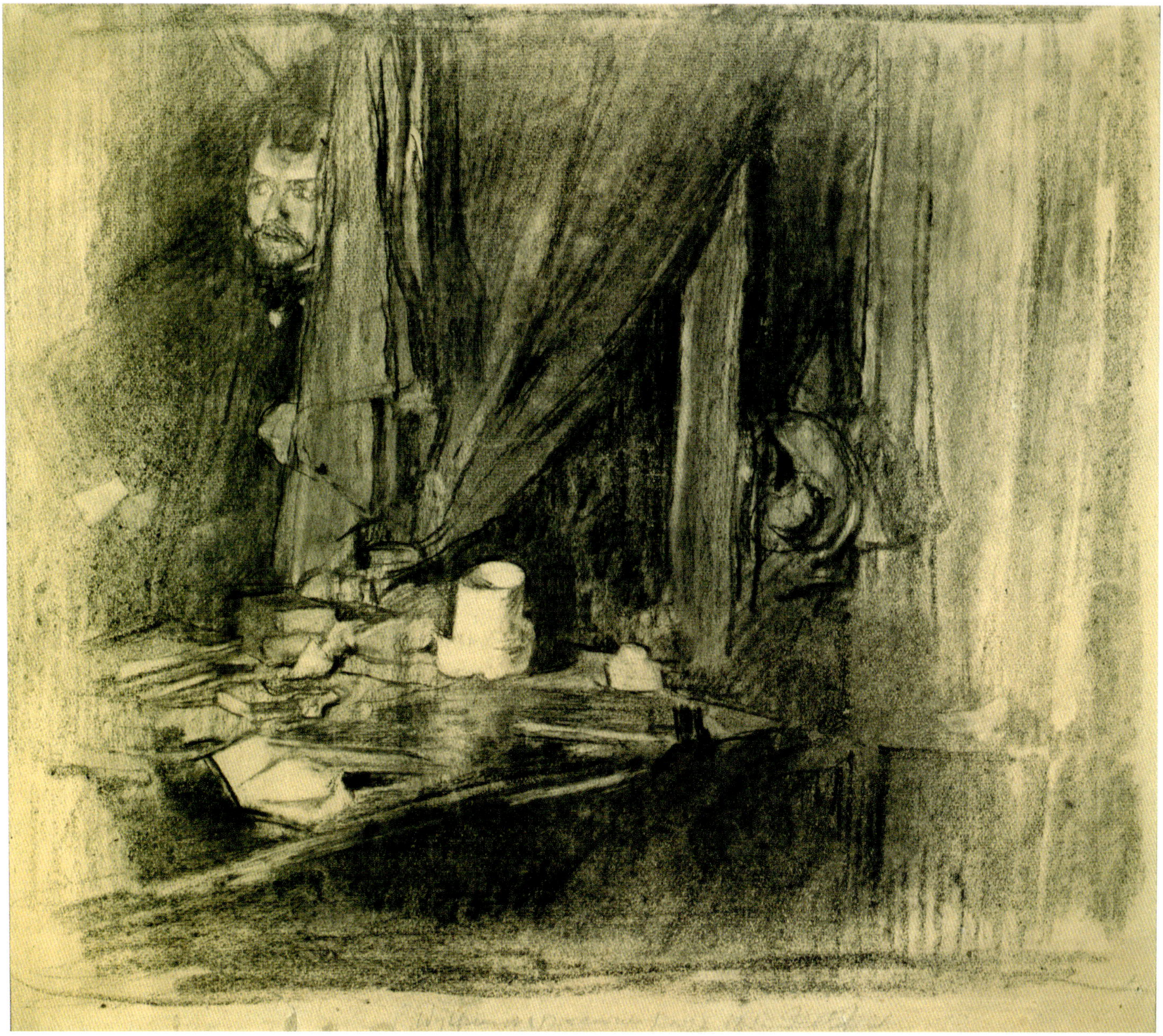

Wyspiański w pracowni paryskiej
ok. 1892
węgiel, papier
43,5 × 50,0 cm

Wyspiański in the Paris Studio
ca. 1892
charcoal on paper
43.5 × 50.0 cm

Józef Mehoffer i Stanisław Wyspiański (1869–1907) byli rówieśnikami i znali się od chłopięcych lat. Razem studiowali w krakowskiej Szkole Sztuk Pięknych za dyrektury Matejki. Mistrz widział w nich swoich następców. W Paryżu przez dłuższy czas mieszkali razem, nierzadko pozując sobie nawzajem (zob. s. 92). Później ich drogi rozeszły się. Rysunek Mehoffera przedstawia Wyspiańskiego w ich paryskim mieszkaniu, które służyło także jako pracownia.

Józef Mehoffer and Stanisław Wyspiański (1869–1907) were contemporaries and knew each other from their boyhood. They had been students at the same time in the Cracow School of Fine Arts under Matejko, who saw them as his successors. In Paris for some time they shared a flat, and sometimes posed for each other (see p. 92). Later their ways parted. Mehoffer's drawing shows Wyspiański in their Paris apartment, which they also used as a studio.

MNK ND 10 502

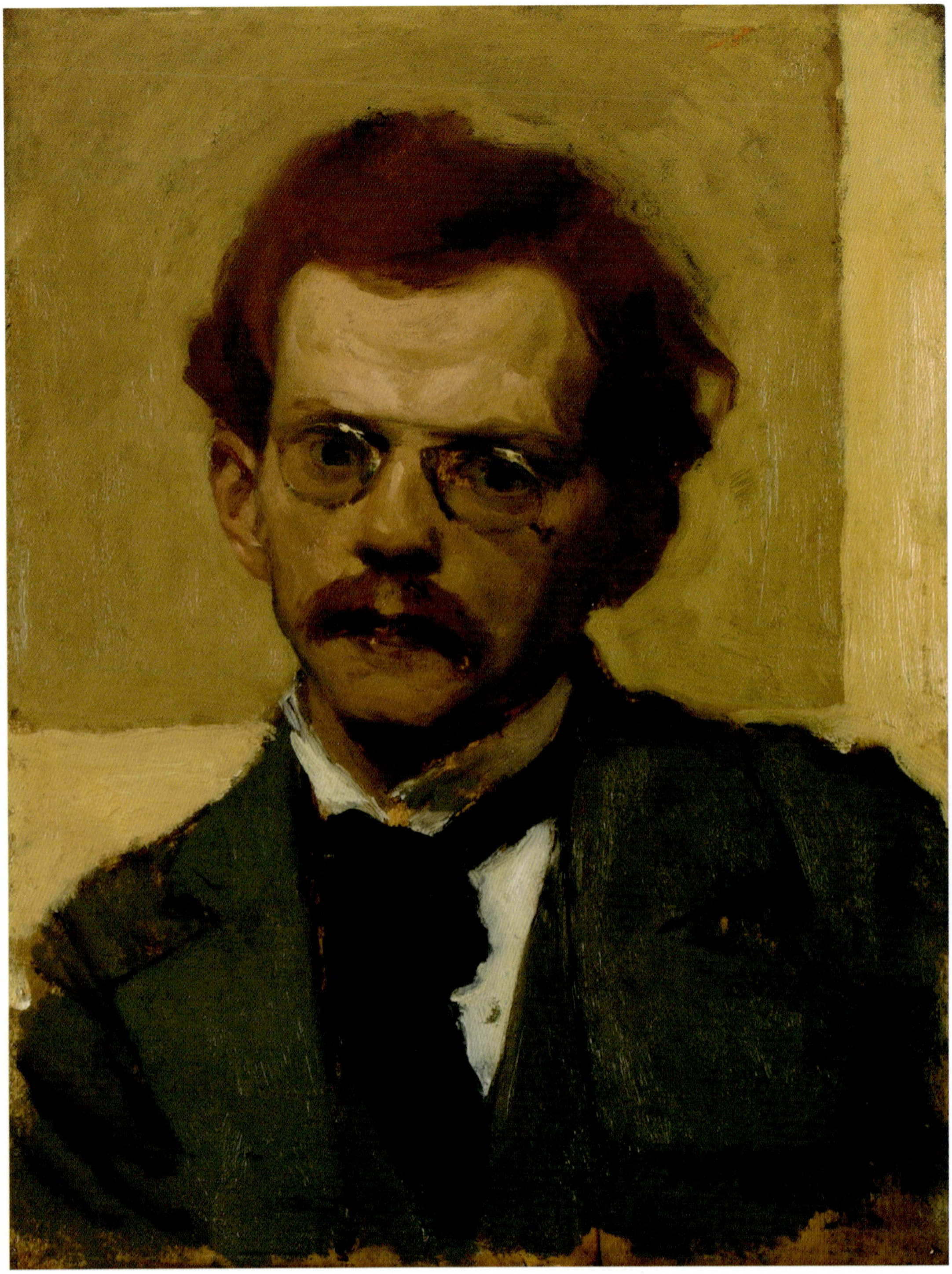

Autoportret
1897
olej, deska
34,7 × 26,7 cm

Self-Portrait
1897
oils on board
34.7 × 26.7 cm

Ujęty w popiersiu, na neutralnym tle, artysta kieruje ku nam spoza binokli intensywne, skupione spojrzenie. Obraz charakteryzuje się świeżością oraz malarską swobodą (śmiałe pociągnięcia pędzla, z nonszalancją pozostawione tu i ówdzie prześwity podobrazia). Zbudowany jest głównie w gamie ugrów z akcentami czerni i bieli.

Presented as a bust against a neutral background, through his spectacles the artist focuses his attentive gaze on us. The picture is marked by a characteristic freshness and painterly freedom, with bold brush-strokes and a few gaps nonchalantly left blank in the bottom part of the picture. The composition is built up mainly of a gamut of ochres with black and white highlights.

MNK II-b-867

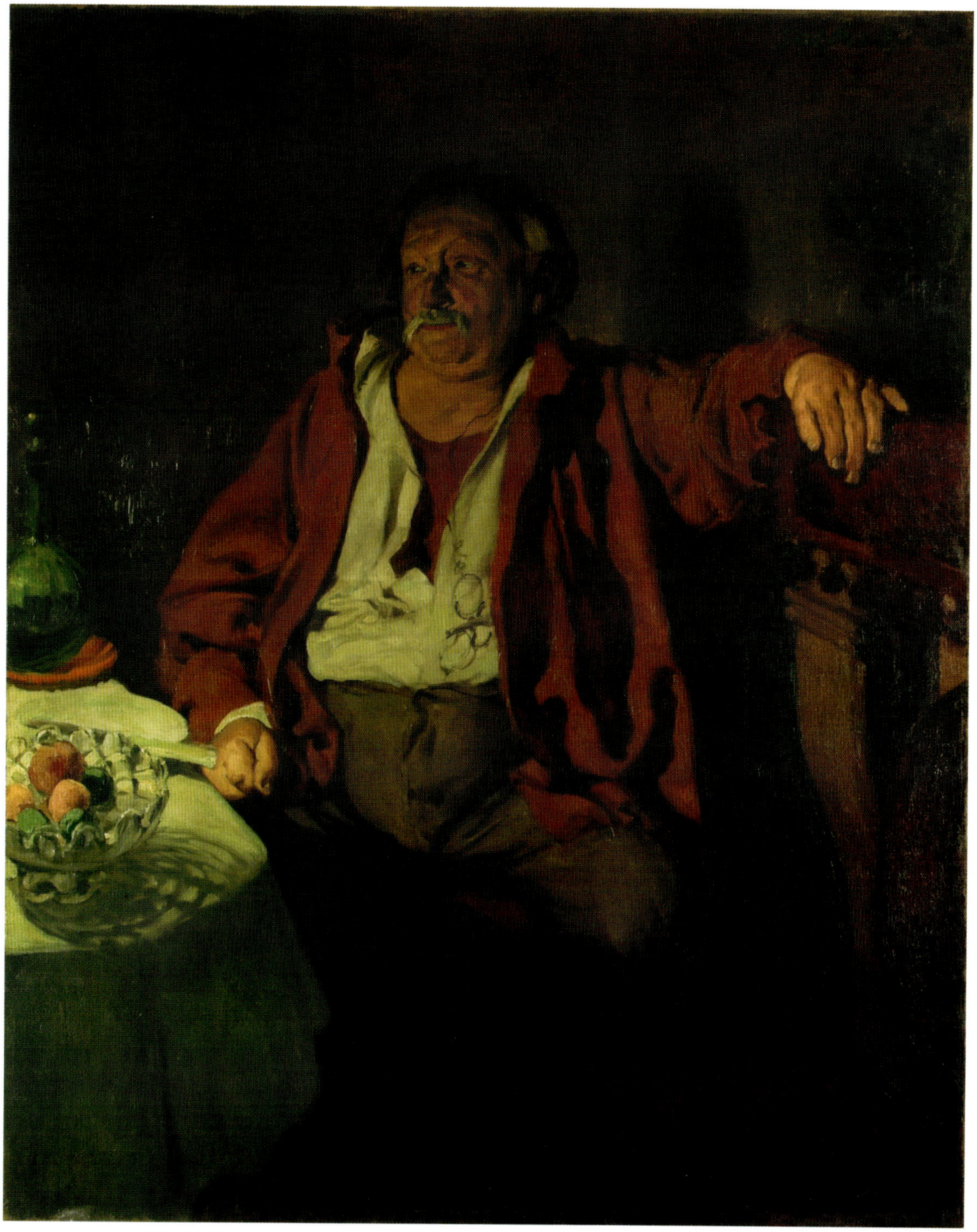

Portret Aleksandra Dejeana
1895–1896
olej, płótno
120,0 × 96,0 cm

Portrait of Alexandre Dejean
1895–1896
oils on canvas
120.0 × 96.0 cm

Aleksander Dejean, syn francuskiego emigranta, urodził się (1820) i wychował w Polsce. Z przekonań i temperamentu był rewolucjonistą – w 1848 roku walczył pod dowództwem Mierosławskiego oraz na Węgrzech. Później osiadł w Paryżu. Serdecznością otoczył młodych przybyszów z Krakowa: Henryka Opieńskiego (z którego ojcem był w przyjaźni od lat szkolnych), Mehoffera i Wyspiańskiego – stali się oni częstymi gośćmi w jego domu.
Portret ten należy do obrazów wykonanych przez młodego malarza pod koniec pobytu w Paryżu, z myślą o powrocie do Krakowa ze znaczącym dorobkiem artystycznym.

Alexandre Dejean, the son of a French immigrant, was born (in 1820) and brought up in Poland. He had the temperament of a revolutionary, fostered revolutionary views, and was an 1848 combatant under Mierosławski and later in Hungary. Later he settled in Paris. He gave a cordial welcome to the new arrivals from Cracow, Henryk Opieński, of whose father he had been a friend since his schooldays, Mehoffer, and Wyspiański. The three were regular visitors in his house. This portrait is one of the pictures Mehoffer painted towards the end of his stay in Paris to show on his return to Cracow that he had already accomplished a good deal.

MNK ND 8522

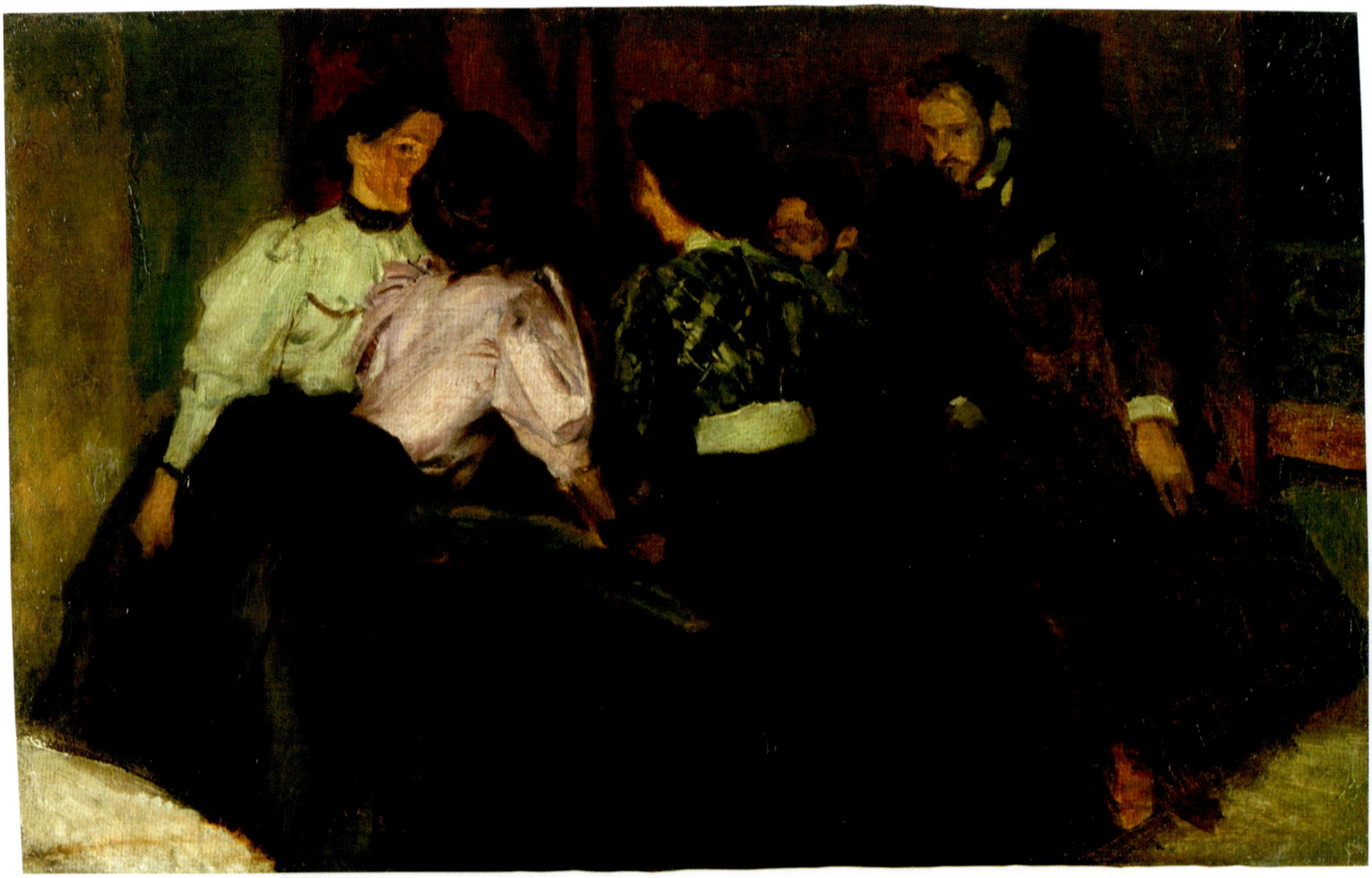

Szkic
do obrazu
Rozmowa
1896–1897
olej, płótno
47,0 × 77,0 cm

MNK ND 8539

Sketch
for the painting
The Conversation
1896–1897
oils on canvas
47.0 × 77.0 cm

Scena przedstawia grupę przyjaciół Mehoffera podczas spotkania w paryskim mieszkaniu Alfreda Nossiga – literata i publicysty. Oprócz gospodarza i jego żony, a także malarza, brały w nim udział panny Jadwiga i Wanda Janakowskie oraz Henryk Opieński, kompozytor i muzykolog. Nie jest to jednak portret grupowy we wnętrzu, lecz przedstawienie osób zajętych żywą rozmową, odwróconych od widza. Artystę w znacznej mierze zajął tu problem oświetlenia sceny światłem bocznej lampy. Obraz, do którego posłużyło to studium, wzbogacony o wartości dekoracyjne, znajduje się w Lwowskiej Galerii Sztuki.

The picture shows a group of Mehoffer's friends during a meeting in the Paris flat of Alfred Nossig, a writer and journalist. Apart from the host and his wife, and of course the painter, those present included Misses Jadwiga and Wanda Janakowska, and the composer and musicologist Henryk Opieński. However, this is not a group portrait in an interior, but a study of people in conversation, with their backs to the observer. The artist was interested in the question of illumination for the scene, from a side-lamp. The painting for which this was a preliminary study is embellished with more elaborate decorative details and now hangs in the Lviv Art Gallery.

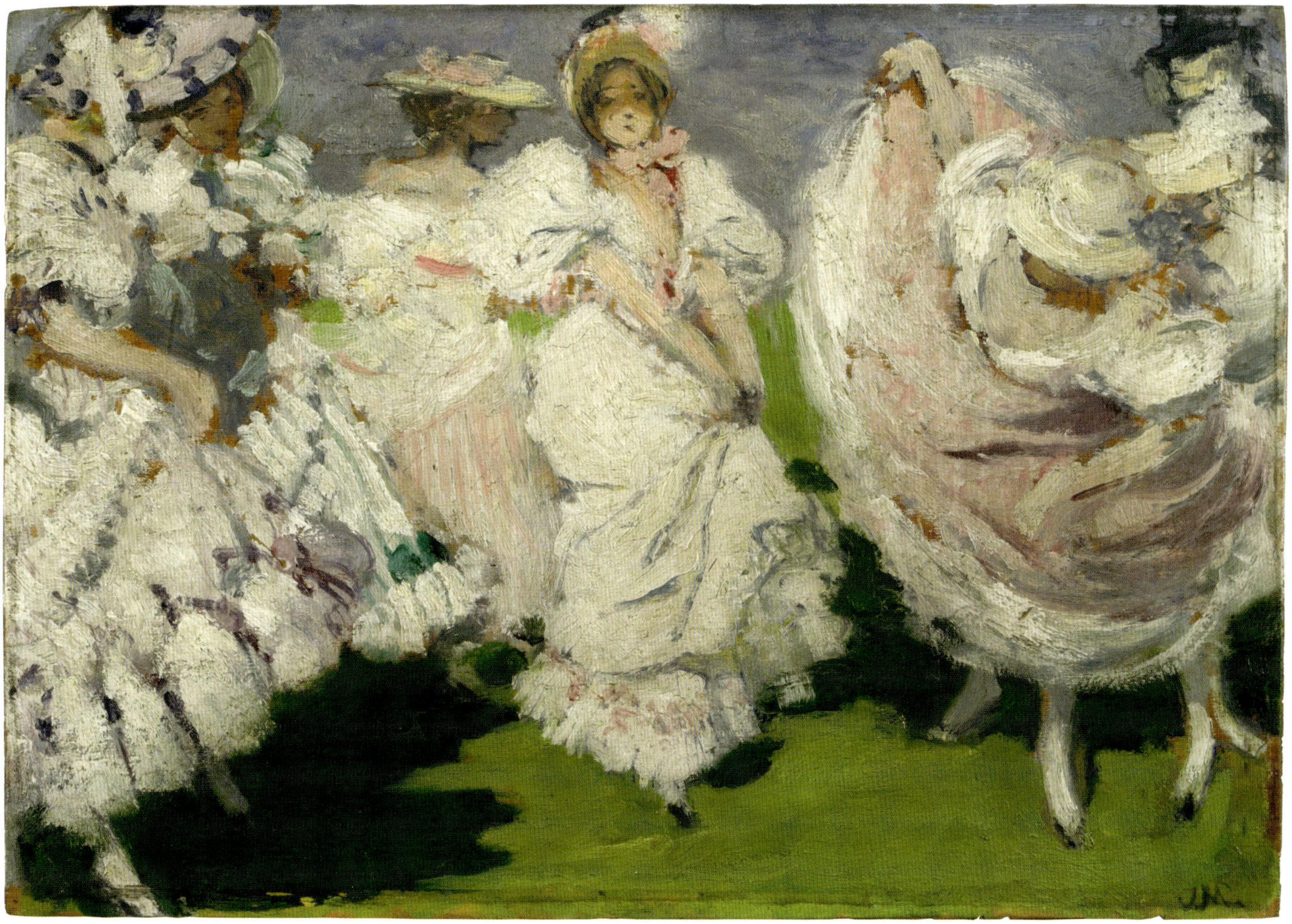

Taniec – Naiwne
1898
olej, deska
26,0 × 37,0 cm

The Dance: Les Ingénues
1898
oils on board
26.0 × 37.0 cm

Powstanie tego obrazu zainspirował poemat Paula Verlaine'a *Les ingénues.* Motyw grupy wystrojonych panien pląsających w blasku słońca na zielonej murawie stał się dla Mehoffera okazją do namalowania jasnych, lekkich sukien o sutych spódnicach i halkach, pełnych fałdów, falban i wstążeczek wirujących i unoszonych tanecznymi ruchami. Druga, podobna wersja tej kompozycji znajduje się w zbiorach prywatnych.

The inspiration for this painting came from Paul Verlaine's poem *Les ingénues*. The motif of flamboyantly dressed girls dancing on a sunlit lawn provided Mehoffer with the opportunity of painting bright, diaphanous robes with generous skirts and petticoats full of frills, folds, and ribbons swirling in the dance. There is another similar composition in a private collection.

MNK II-b-787

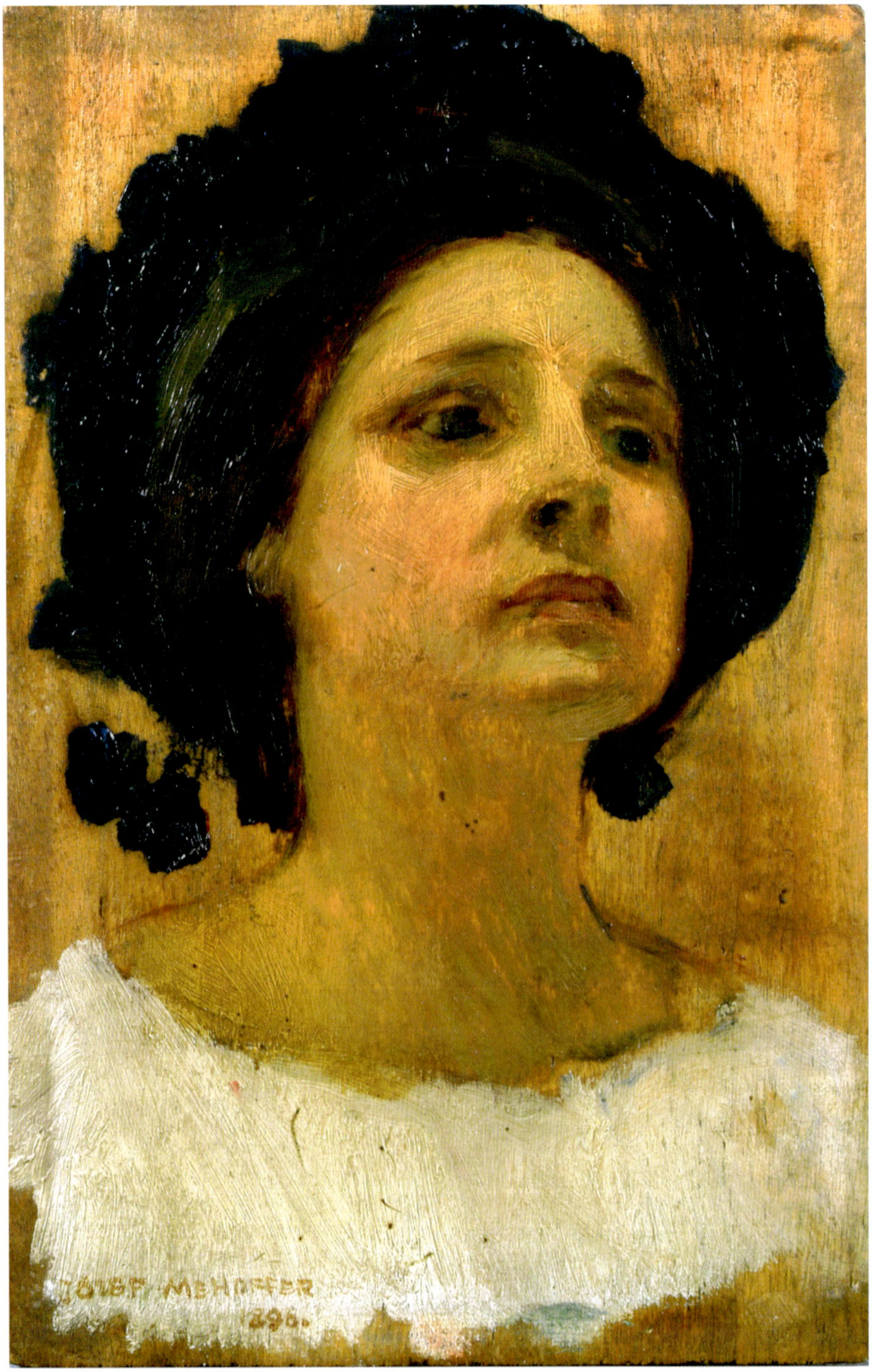

Wanda Janakowska
1896
studium do obrazu
Muza
olej, deska
23,5 × 16,0 cm

Własność rodziny artysty

Wanda Janakowska
1896
study for the painting
The Muse
oils on board
23.5 × 16.0 cm

The artist's family collection

Panny Janakowskie poznał Mehoffer w Paryżu, w roku 1894. Jadwiga studiowała malarstwo, Wanda (ur. 1873) śpiew. Początkowo większa zażyłość połączyła go z Wandą. Parokrotnie pozowała mu, m.in. do obrazu *Muza*, o którym pisał w liście do matki „[Jest to] więcej popularny rodzaj Saphony, 6tej muzy, troszkę klasycznej, troszkę słowiańskiej, z lirą w ręku i z wieńcem bławatków na głowie". Uwagę zwraca szczególny, naznaczony jakimś dramatycznym tonem, wyraz twarzy młodej modelki. Wanda ostatecznie nie została śpiewaczką. Około 1900 roku wstąpiła do niepokalanek, przyjmując imię siostry Bogdany.

Mehoffer met the Misses Wanda and Jadwiga Janakowska in 1894 in Paris. Jadwiga was studying painting, and Wanda (born 1873) was training her voice. At first he was on more intimate terms with Wanda, who posed for him for a few pictures, including *The Muse*, which he described in a letter to his mother as "more of a popular kind of Sappho, the sixth muse, somewhat classical, somewhat Slavonic, with a lyre in her hand and a garland of cornflowers on her head." The expression on the young model's face is striking for the extraordinary, rather dramatic look. Wanda never became a singer. Around 1900 she entered the Sisters of the Immaculate Conception, and her name in religion was Sister Bogdana.

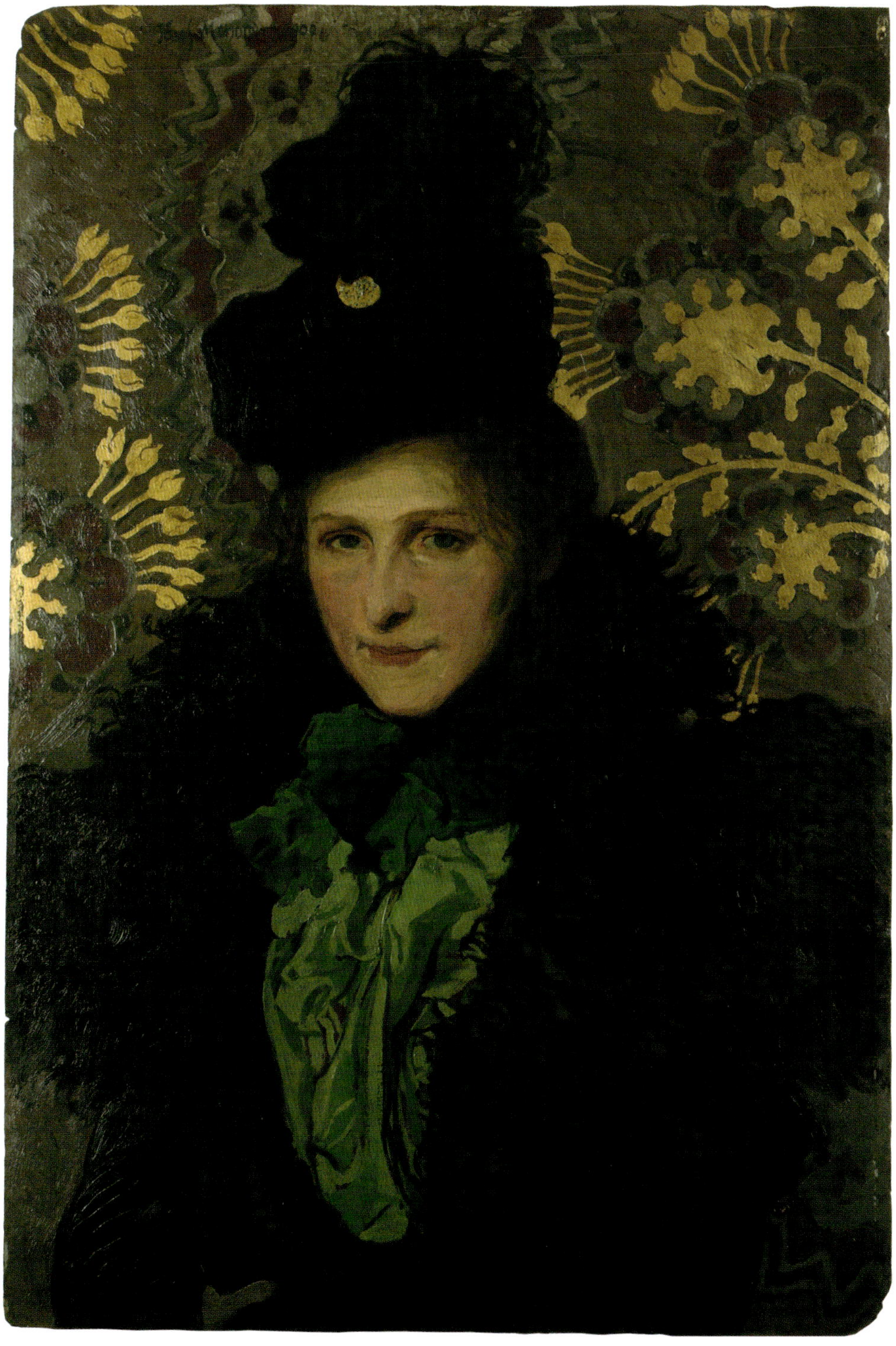

Portret żony, tzw. florencki
1900
olej, tektura
74,0 × 50,0 cm

The Florentine Portrait of the Artist's Wife
1900
oils on cardboard
74.0 × 50.0 cm

Jest to pierwszy z galerii portretów żony artysty, Jadwigi z Janakowskich (1871–1956). Powstał we Florencji, podczas podróży poślubnej. Twarz modelki ujął malarz subtelnie, w konwencji realistycznej. Jej strój natomiast, typowy dla mody fin-de-siècle'u, potraktował nieomal jako partię ornamentalną. Tego rodzaju zaakcentowanie dekoracyjnych walorów ubioru znamienne jest dla twórczości artysty, podobnie jak i ukrycie w partii dekoracyjnego tła pewnych znaczeń. W tym wypadku – według najnowszej interpretacji – chodzi o związaną z erotyzmem i macierzyństwem symbolikę granatowca, wprowadzonego tu w postaci ornamentu.

This is the first in the gallery of portraits of the artist's wife, Jadwiga née Janakowska (1871–1956). It was made in Florence during their honeymoon. Mehoffer gave a subtle presentation of his model's face in the realistic convention, but treated her apparel, which is typical for the *fin-de-siècle* fashion, well-nigh as part of the ornamentation. This approach to items of dress, accentuated for their ornamental value, along with the tendency to incorporate some of the picture's meaning in the background, is characteristic of Mehoffer's work. Here, as the latest criticism says, it is the symbolic meaning of the pomegranate-tree, which is associated with eroticism and maternity, in the ornamental background.

MK ND 8537

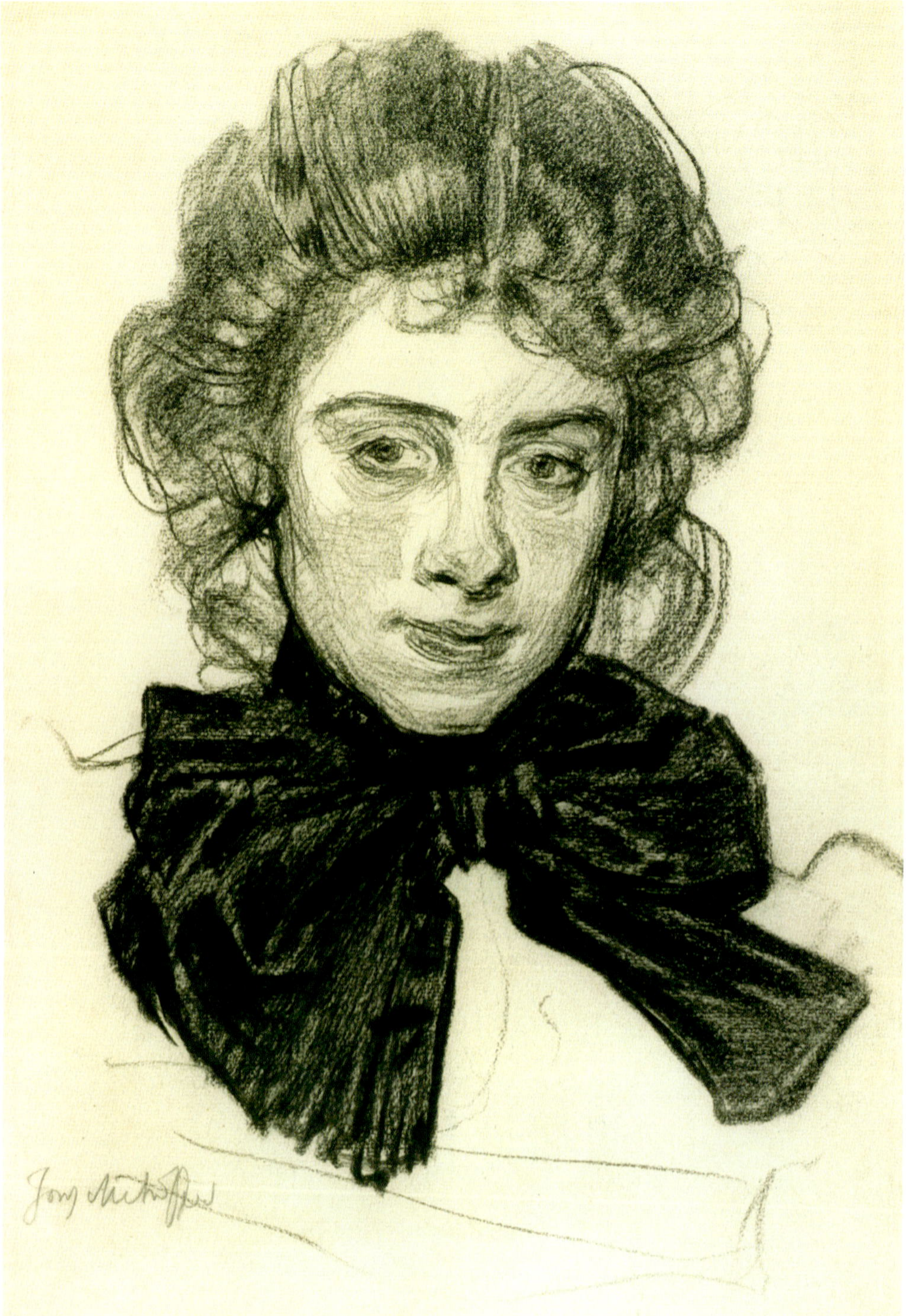

Portret Heleny d'Abancourt de Franqueville
1893
węgiel, papier
43,0 × 29,0 cm

Portrait of Helena d'Abancourt de Franqueville
1893
charcoal on paper
43.0 × 29.0 cm

Mehoffer, znakomity rysownik, często wykonywał portrety węglem lub kredką. Tworzą one bogatą galerię wizerunków jego rodziny, przyjaciół, bliższych i dalszych znajomych. Ich stylistyka zmieniała się z biegiem lat. Helena d'Abancourt de Franqueville (1879–1942) była historykiem sztuki, bibliotekarką w Akademii Umiejętności w Krakowie. W roku 1929 opublikowała rozprawę *Grafika książkowa Józefa Mehoffera na tle prądów współczesnych.* Przez całe życie pozostawała w towarzyskich kontaktach z rodziną malarza. Tutaj widzimy ją jako młodą dziewczynę, w stroju i uczesaniu typowym dla schyłku XIX wieku.

Mehoffer, who had a fine hand for drawing, often used charcoal or crayon for portraits. These drawings make up an extensive portrait gallery of his family, friends, and acquaintances. Their style changed over the years. Helena d'Abancourt de Franqueville (1879–1942) was an art historian and librarian in the Academy of Arts and Sciences in Cracow. In 1929 she published a treatise in Polish on Mehoffer's graphic book illustrations. She was a friend of the Mehoffer family throughout her life, Here we see her as a young woman, in apparel and a hairstyle typical for the close of the 19th century.

MNK ND 8691

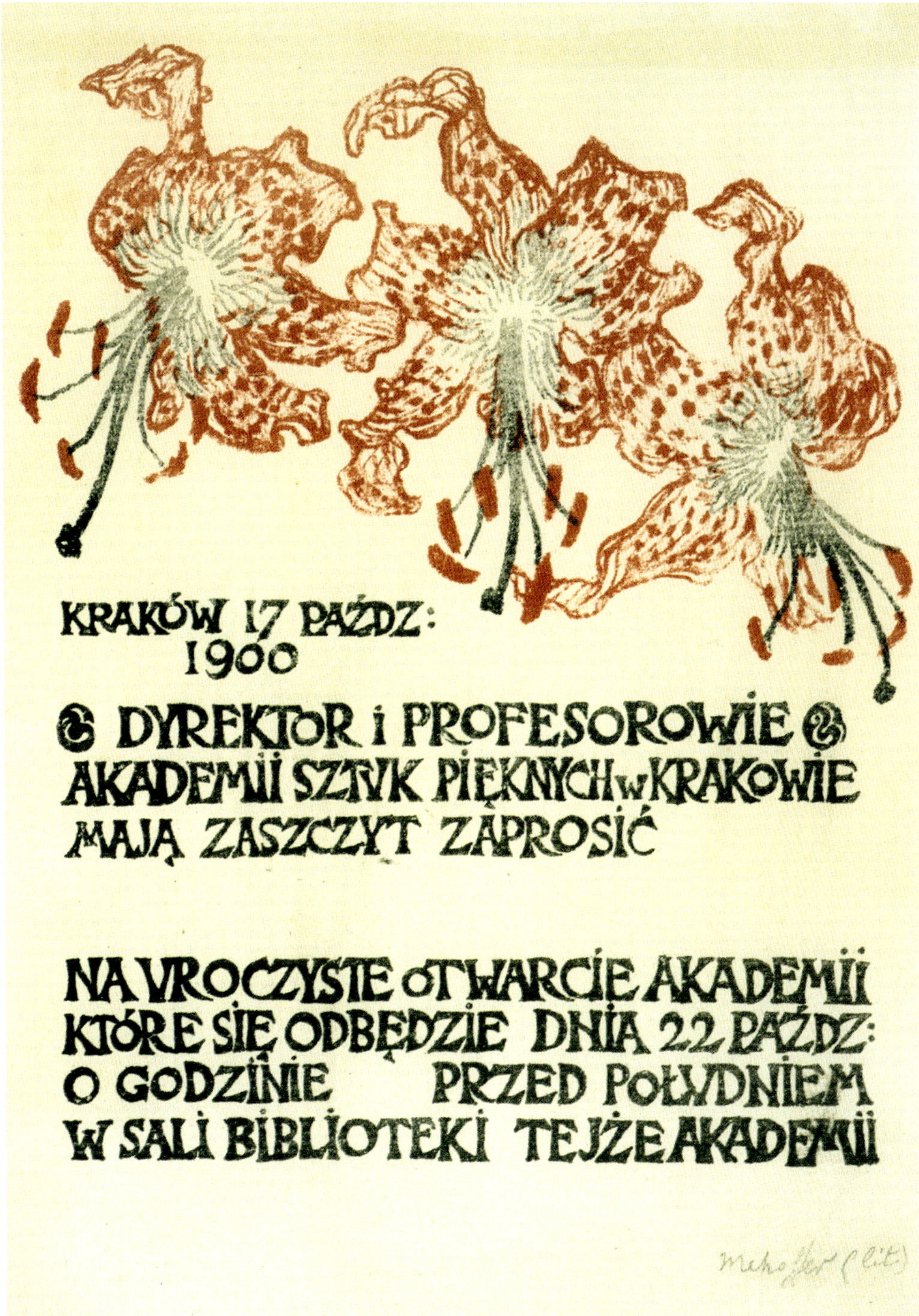

Zaproszenie na otwarcie ASP w dniu 22 października 1900
1900
litografia barwna, papier
22,0 × 15,0 cm

Invitation to the Academy of Fine Arts Opening Ceremony for 22nd October 1900
1900
coloured lithograph on paper
22.0 × 15.0 cm

Po śmierci Jana Matejki, dyrektora krakowskiej Szkoły Sztuk Pięknych w latach 1873–1893, w uczelni nastąpiły radykalne zmiany. W roku 1895 dyrektorem został Julian Fałat, który odwołał kadrę profesorską związaną z nurtem akademizmu i historyzmu, a stanowiska profesorów powierzył artystom młodym, reprezentującym nowe prądy w sztuce – takim jak Mehoffer. W roku 1900 Szkoła uzyskała status Akademii. Zaproszenie na uroczystość otwarcia malarz ozdobił motywem barwnych lilii, stylizując ich naturalne kształty w duchu secesji.

After the death of Jan Matejko, director of the Cracow School of Fine Arts in 1873–1893, there were radical changes in the School. In 1895 Julian Fałat became its director. He dismissed all the senior members of staff associated with Academicism and Historicism, and appointed young artists such as Mehoffer, representatives of new trends, to the chairs. In 1900 the School was promoted to the status of an Academy. Mehoffer designed the invitations for the opening ceremony, decorating them with a colourful lily motif, with natural shapes in the Secession style.

MNK, inw. III-ryc.-1879

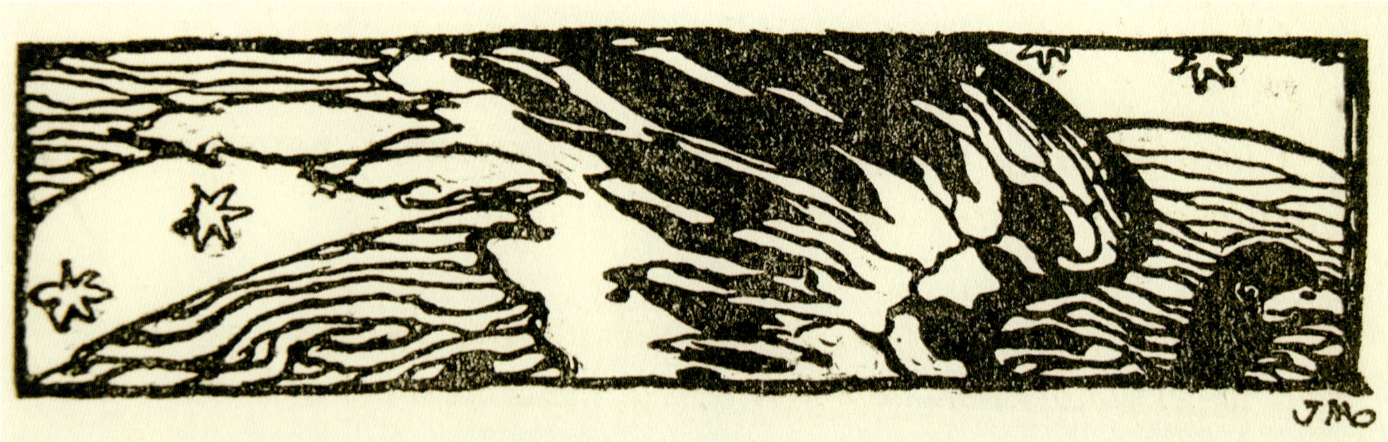

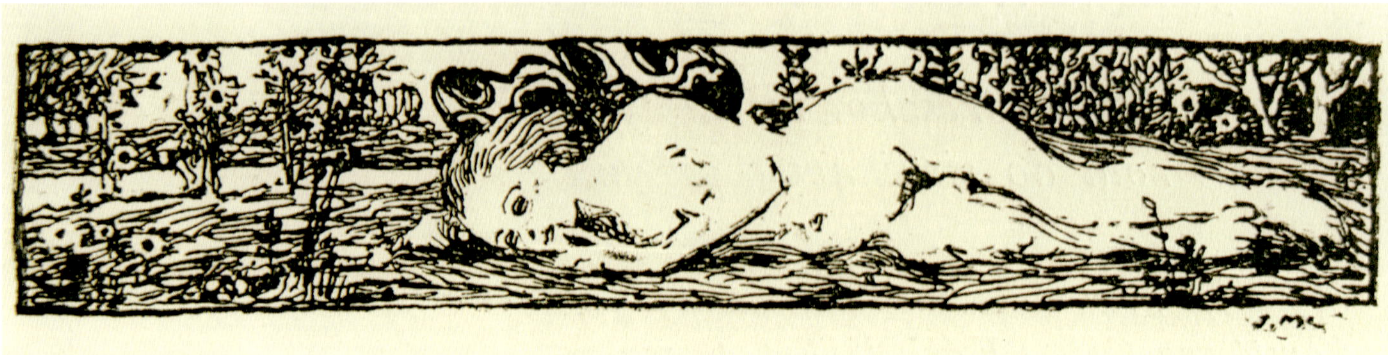

Winieta
(*Skrzydło kruka*)
„Chimera",
luty 1901,
t. I, z. 2,
s. 213

Winieta
(*Leżąca kobieta-elf*)
„Chimera",
maj 1907,
t. X, z. 28/29,
s. 43

Vignette
(*A Raven's Wing*)
Chimera,
February 1901
Vol. I, fasc. 2,
p. 213

Vignette
(*A Recumbent Fairy*)
Chimera,
May 1907
Vol. X, fasc. 28/29,
p. 43

Powyższe winiety i inicjał Józef Mehoffer wykonał dla „Chimery", miesięcznika literacko-artystycznego, z którym łączyła go stała współpraca. Pismo to, charakteryzujące się wytworną szatą graficzną, redagował i wydawał w Warszawie, w latach 1901–1907, Zenon Przesmycki (Miriam). Na jej łamach głosił modernistyczne idee, m.in. hasło „sztuki dla sztuki", kult wielkich indywidualności twórczych, propagował dzieła literatury i sztuki związane z aktualnymi prądami. Współpracowników dobierał spośród najznamienitszych twórców w Polsce.

Mehoffer made these illustrations for the literary and arts monthly *Chimera*, for which he worked on a regular basis. The magazine came out in Warsaw in 1901–1907, and was edited by Zenon "Miriam" Przesmycki, who propagated Modernist ideas, such as the motto "art for art's sake" and the cult of great individualities. Przesmycki asked the best artists and writers in Poland to contribute to the magazine. He also promoted the work of writers and artists associated with the latest trends, and worked with the best artists in Poland.

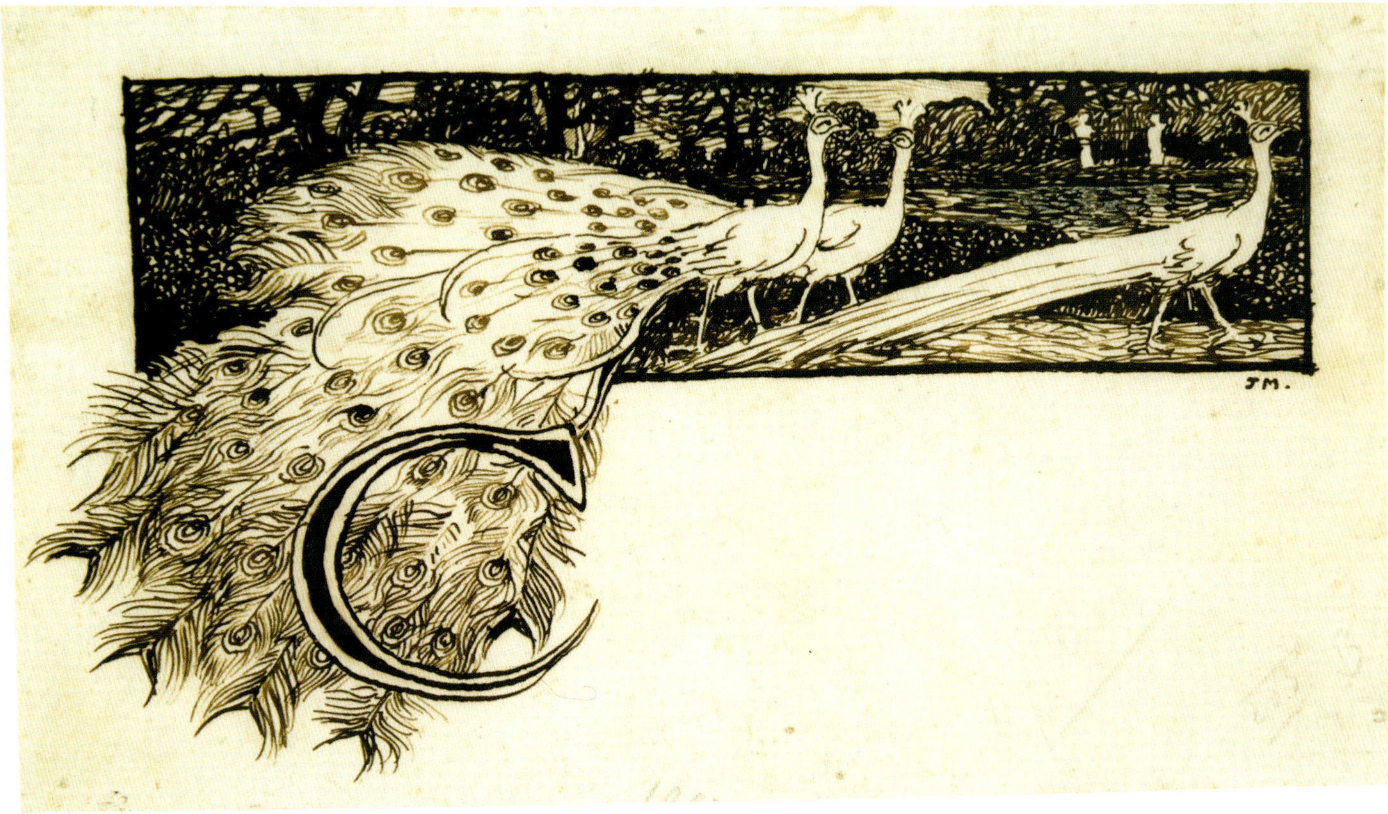

Trzy pawie nad brzegiem rzeki
inicjał C,
ozdobnik
dla „Chimery"
miedzioryt,
papier
10,5 × 18,0 cm

Three Peacocks on the Riverbank
the initial C: design for the decoration of *Chimera*
copperplate etching on paper
10.5 × 18.0 cm

Paw, obok łabędzia, należał do ulubionych motywów w epoce przełomu XIX i XX wieku. „Secesja lubiła pawia za wspaniały wachlarz jego piór, za ich subtelny rysunek, mieniące się kolory i metaliczny połysk, niekiedy również za jego znaczenie symboliczne: przynajmniej od średniowiecza paw był symbolem próżności" – komentuje ten fakt Mieczysław Wallis w swej *Secesji*. Mehoffer niejednokrotnie sięgał po motyw pawia, podobnie jak po zbliżony motyw rajskiego ptaka, czy też fantastycznego feniksa, m.in. ze względu na ich walory dekoracyjne i poddawanie się stylizacji płynną, giętką linią.

Alongside the swan, the peacock was one of the favourite motifs in the art of the turn of the 19th and 20th centuries. "The Secession loved the peacock for his magnificent spread of feathers and their subtle outlines, glittering colours and metallic gleam, and sometimes also for his symbolic meaning: at least since the Middle Ages the peacock had been a symbol of vanity," Mieczysław Wallis commented in his book *Secesja*. Mehoffer often used the peacock motif, just as he did the related motifs of the bird of paradise and the mythical phoenix – for their decorative values and ready stylisation by means of flexible, flowing lines.

MNK ND 8686

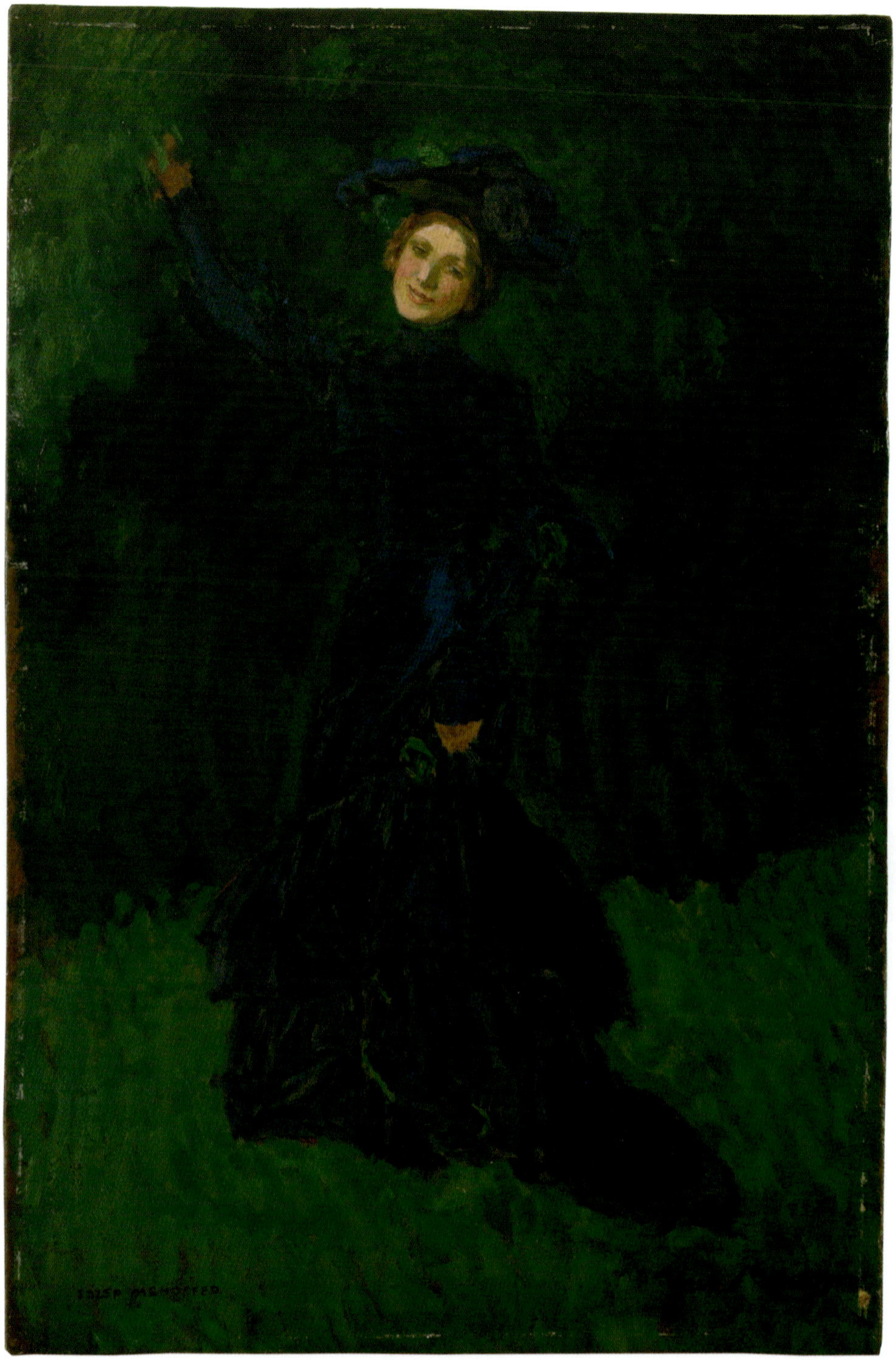

Studium postaci kobiecej do obrazu *Dziwny ogród*
1902
olej, tektura
53,0 × 37,0 cm

Study of female figure for the painting *The Strange Garden*
1902
oils on cardboard
53.0 × 37.0 cm

MNK II-b-1470

Powstanie *Dziwnego ogrodu* (zob. s. 7) poprzedziły liczne studia rysunkowe i olejne, częściowo zachowane. Pozwalają one prześledzić krystalizowanie się finalnej koncepcji obrazu. Początkowo dama w szafirowej sukni – żona malarza – ujęta była w ruchu. Zmęczona pozowaniem, jak to później wspominała, wzniosła rękę, by wesprzeć się o gałąź jabłoni. Malarz podchwycił ów gest – często ówcześnie spotykany (np. u Eugéne'a Grasseta) w przedstawieniach smukłych kobiet sięgających ku kwitnącym lub owocującym drzewom, ptakom etc., a nadający całej sylwetce tak lubianą w tamtej epoce asymetrię.

A number of drawings and studies in oils preceded *The Strange Garden* (see p. 7). Some of them have survived and chart the crystallising out of the painting's final arrangement. Originally the lady in the blue dress (Mehoffer's wife) was depicted in motion. One day when posing had fatigued her, she put her hand up to rest against the bough of the apple-tree, as she later recalled. The artist noticed and took up this gesture, which was frequently used by his contemporaries like Eugène Grasset in pictures of slender women reaching out to the blossom or fruit on trees, birds etc., which endowed the figure with the asymmetrical line so favoured by the art of that age.

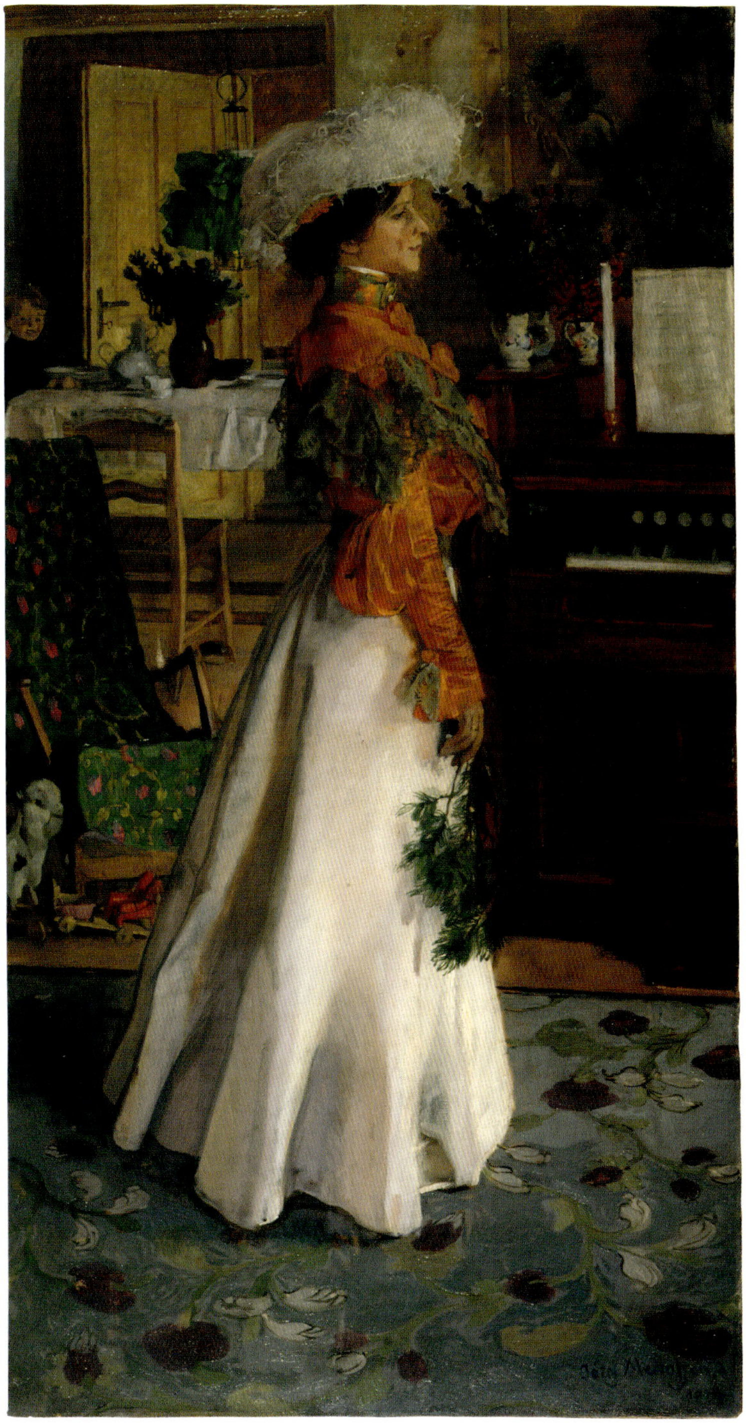

Na letnim mieszkaniu
1904
olej, płótno
150,0 × 80,0 cm

In the Summer House
1904
oils on canvas
150.0 × 80.0 cm

Obraz ten powstał w Zakopanem, latem 1904 roku. Przedstawia żonę malarza w modnym letnim stroju, złożonym ze spódnicy i strojnej bluzki, uzupełnionym efektownym białym kapeluszem. Pani Mehofferowa wróciła właśnie ze spaceru – w ręce trzyma jeszcze zerwaną po drodze gałązkę sosny. Tło stanowi dekoracyjnie zaaranżowane wnętrze pokoju z fisharmonią, bukietami we flakonach, ozdobnym abażurem, meblami, porzuconymi zabawkami dziecka, etc. W głębi dostrzec można postać synka artysty. Ta znakomita praca, charakterystyczna dla całokształtu artystycznej wrażliwości Mehoffera, należy do jego najlepszych dzieł.

This picture was painted in the summer of 1904 in Zakopane. It shows the artist's wife in fashionable summer dress comprising a skirt and fancy blouse set off by an eye-catching white hat. Mrs. Mehofferowa has just returned from a walk and is still holding a pine-branch she picked on the way. The background is made up of a decorative interior, with an organ, vases of flowers, an ornamental lampshade, furniture, and discarded children's toys. The figure of the Mehoffers' son may be discerned in the background. This beautiful painting, a good example of Mehoffer's artistic sensitivity, is one of his best works.

MNK II-b-896

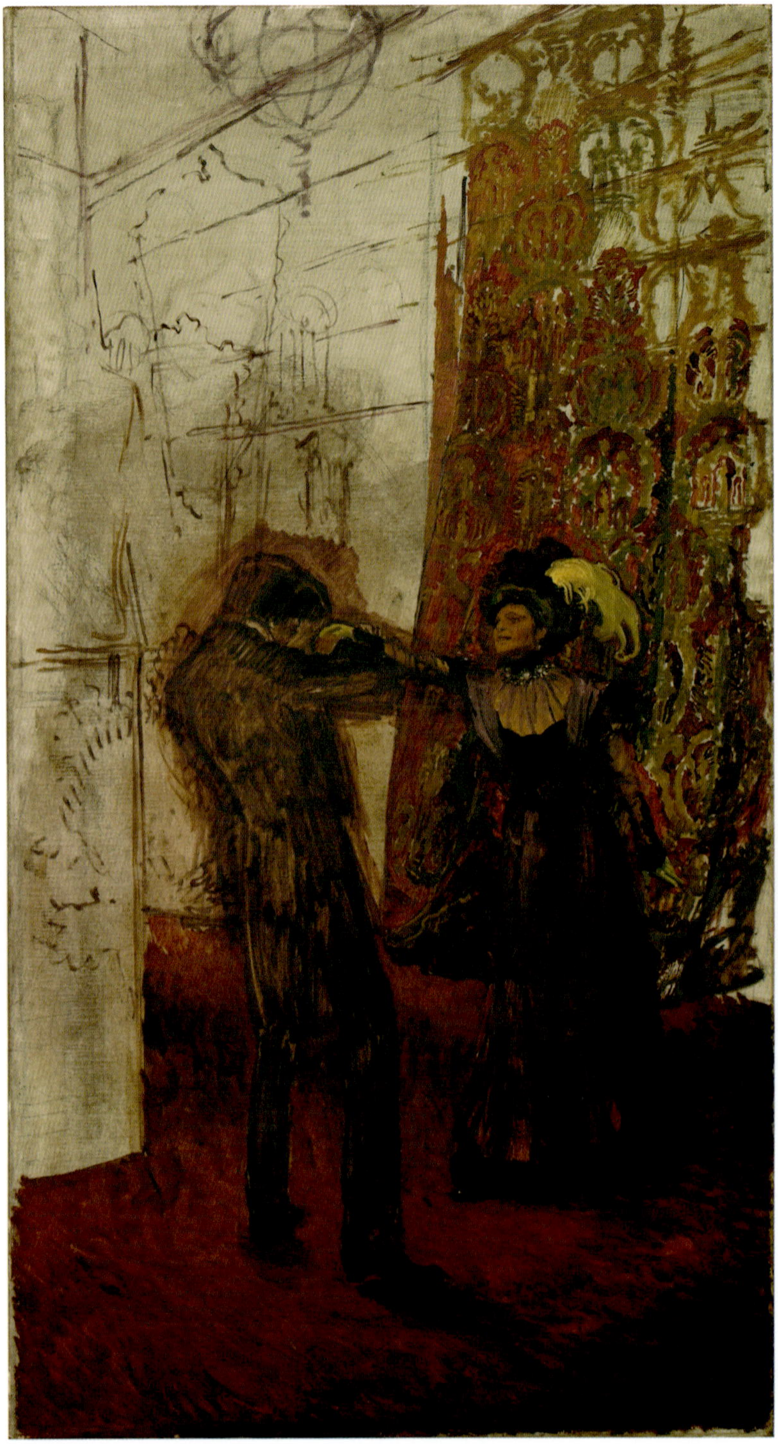

Pożegnanie
ok. 1900
olej, płótno
150,0 × 80,0 cm

The Farewell
ca. 1900
oils on canvas
150.0 × 80.0 cm

Także i w tej postaci wykwintnej damy rozpoznajemy żonę artysty. Gesty obydwu osób pozwalają domyślać się, że nie jest to konwencjonalne pożegnanie, lecz raczej pełne emocji rozstanie. W zachowanych rękopisach Jadwigi Mehofferowej znalazła się wzmianka, że temat przedstawienia malarz osnuł wokół jakichś zaistniałych pomiędzy małżonkami nieporozumień. Ostatecznie jednak zaniechał ukończenia dzieła.

In this picture, too, the elegant lady is readily identifiable as the artist's wife. The gestures of the two figures suggest that this is no ordinary farewell, but an emotional parting. In Jadwiga Mehofferowa's extant manuscripts there is a note that the subject of this picture was based on a tiff between husband and wife. The painting was never finished.

MNK ND 5742

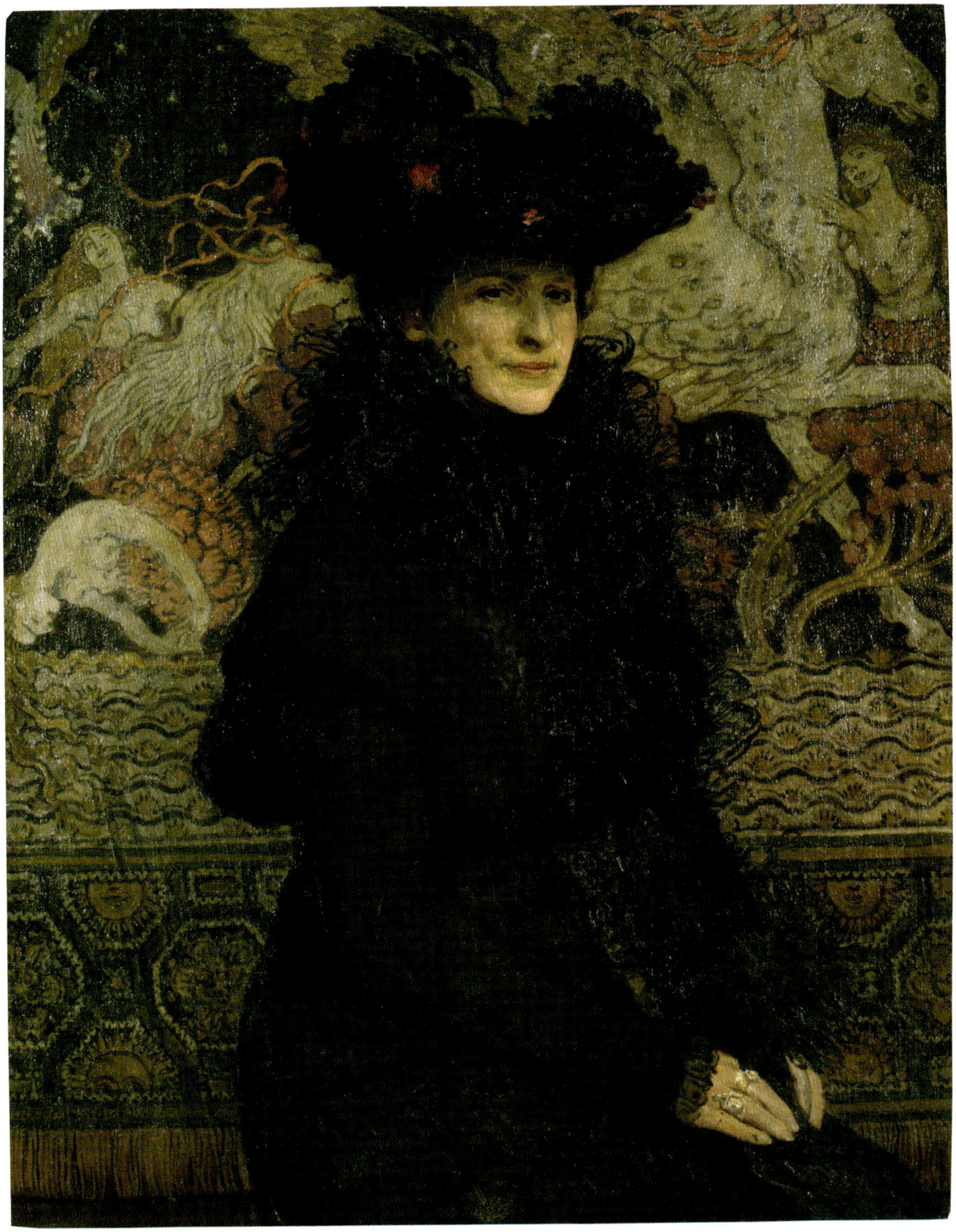

Portret żony z Pegazem
1913
olej, płótno
95,0 × 78,0 cm

Portrait of the Artist's Wife with Pegasus
1913
oils on canvas
95.0 × 78.0 cm

Jadwiga Mehofferowa, ujęta w bliskim planie, w pozycji siedzącej, w ciemnym kostiumie, z boa i w pełnym fantazji kapeluszu, spogląda ku nam z tajemniczym uśmiechem. Kontur jej sylwetki kreśli kapryśną, secesyjną linię. Dekoracyjne tło stanowi gobelin z przedstawieniem Pegaza, biegnącego w poszumie rozwianej grzywy i wstążek wśród witających go Muz, wyobrażonych jako pół-kobiety, pół-kwiaty. Motyw Pegaza opracował Mehoffer po raz pierwszy w roku 1900 (zob. s. 65) i później parokrotnie do niego powracał. Całość nasycona jest tajemniczą, nieco baśniową aurą.

Jadwiga Mehofferowa seated in the foreground, wearing a dark suit with a boa slung round her neck and in a fancy hat, gazing out with a whimsical smile on her face. The silhouette of her figure runs in a capricious, Secession-style line. The background decoration consists of a tapestry showing a white Pegasus tossing his ribbons and mane as he runs towards the welcoming Muses represented as half-women and half-flowers. Mehoffer tackled the Pegasus motif for the first time in 1900 (see p. 65), and later returned to it several times. The picture has a mysterious, fairytale-like atmosphere.

MNK II-b-3506

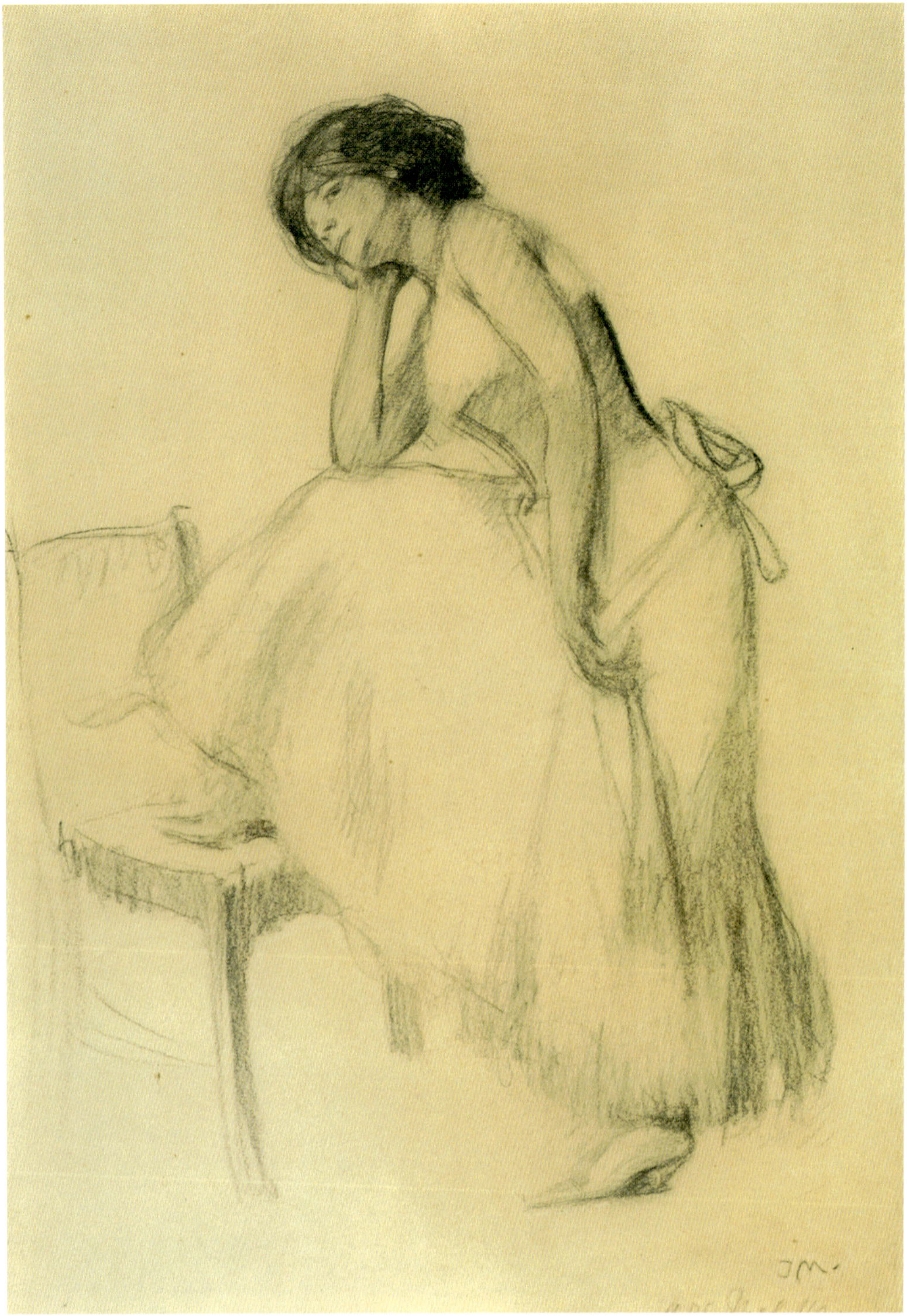

Zamyślona
1905 (?)
węgiel, papier
53,5 × 38,2 cm

Lost in Thought
1905 (?)
charcoal on paper
53.5 × 38.2 cm

Drobna postać pani Mehofferowej wielokrotnie pojawia się w twórczości jej męża. Widzimy ją w obrazach olejnych, w rysunkach, grafikach, w malarstwie ściennym i w witrażach. Zazwyczaj występuje w bogatych sukniach i kapeluszach zgodnych z modą bellé epoque, czasami jednak fantazja artysty ubiera ją w kostiumy równie wytworne, ale całkowicie wymyślone. Rzadziej pojawia się w sukniach codziennych. Na tym rysunku młoda dama ukazana jest w szykownym dezabilu, przypominającym strój baletnicy.

The petite Mrs. Mehofferowa makes numerous appearances in her husband's work. We see her in his oil paintings, drawings, graphics, murals, and stained glass. Usually she is presented in elaborate robes and hats in line with the belle époque fashion; sometimes the artist's imagination attires her in costumes that are just as elegant but entirely fanciful. Only rarely is she to be seen in ordinary dresses. In this drawing the young woman is shown elegantly *déshabillée*, in a costume reminiscent of a ballerina's tutu.

MNK ND 8670

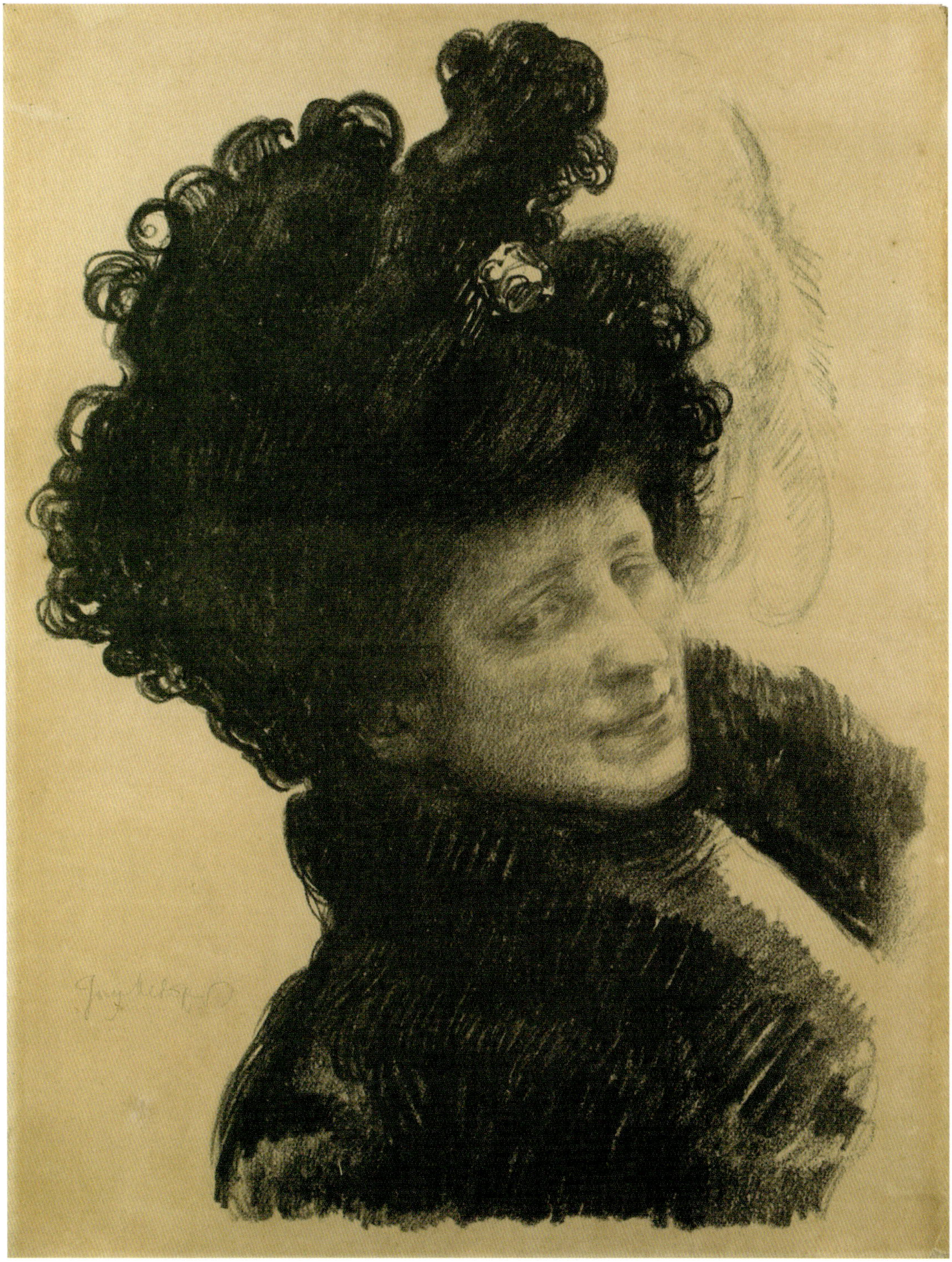

Portret żony w kapeluszu z piór
ok. 1910
litografia, papier
60,0 × 46,8 cm

Portrait of the Artist's Wife in a Feather Hat
ca. 1910
lithograph on paper
60.0 × 46.8 cm

Przedmiotem zainteresowania artysty stał się tu głównie fason ozdobnego kapelusza z piór, przybranego broszą i harmonizującego z boa otulającym szyję modelki.

Here the artist's attention focuses on the fancy feather hat with a brooch and matching boa wrapped around his model's neck.

MNK ND 8663

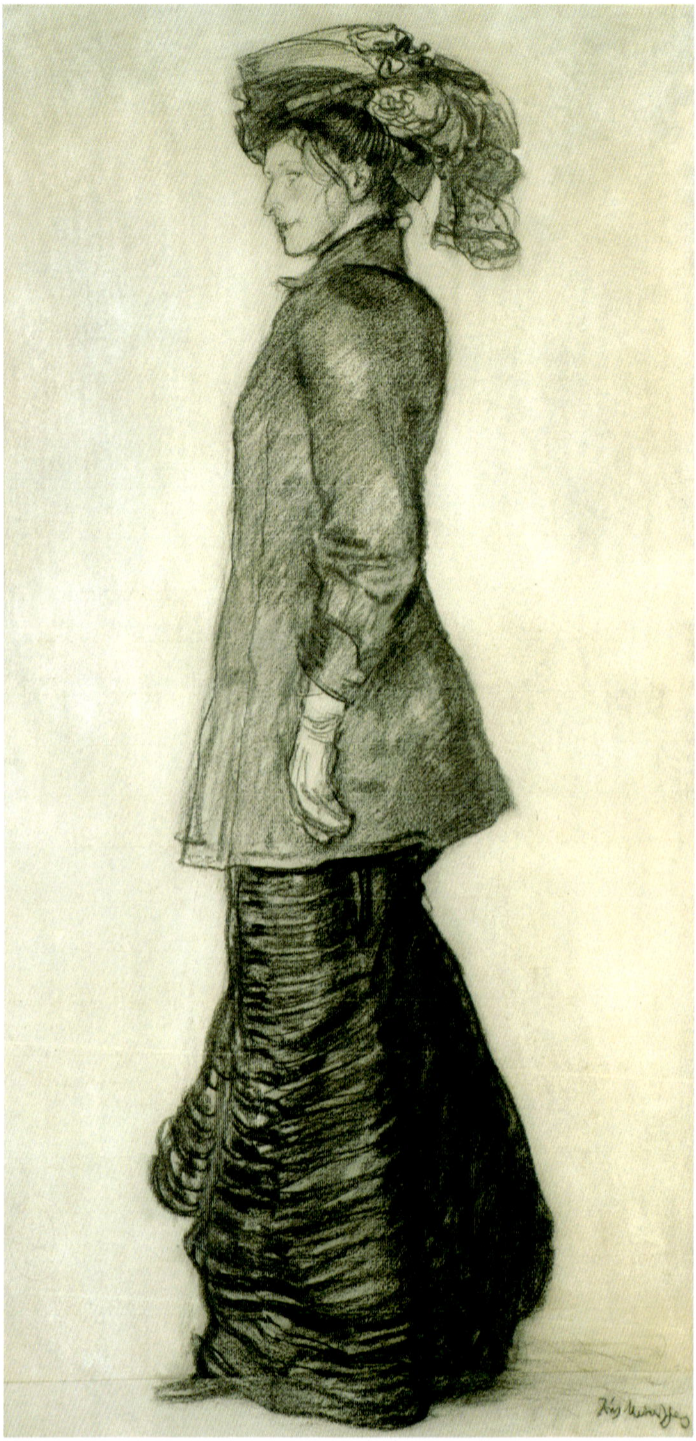

Portret żony **en pied**
1908
węgiel, papier
83,0 × 42,5 cm

Portrait of the Artist's Wife **en pied**
1908
charcoal on paper
83.0 × 42.5 cm

Damskie ubiory z przełomu XIX i XX wieku były często niezwykle efektowne i zróżnicowane. Ich krój, linie, barwy, ozdoby w postaci rozmaitych piór i biżuterii, sposób, w jaki kształtowały kobiecą sylwetkę fascynowały Józefa Mehoffera jako artystę. Dostrzegał w nich wyraz stylu epoki. Tutaj znana z elegancji żona malarza prezentuje prosty, codzienny kostium, złożony z wciętego, długiego żakietu i długiej spódnicy, uzupełniony niewielkim, zgrabnym kapeluszem oraz rękawiczkami. Wydłużony format rysunku dostosowany jest do jej smukłej postaci.

Turn-of-the-century ladies' fashion, often extremely attractive and diversified in its different shapes, lines, colours, accessories such as feathers and jewellery, and the way all this modelled the female figure fascinated Mehoffer the artist, who perceived it as an expression of his age's style. Here his wife, well-known for her elegance, presents a simple, everyday suit consisting of a long, close-fitting jacket and a long skirt complemented with a fairly small, smart hat and gloves. The elongated format of the picture harmonises with her slender figure.

MNK ND 8561

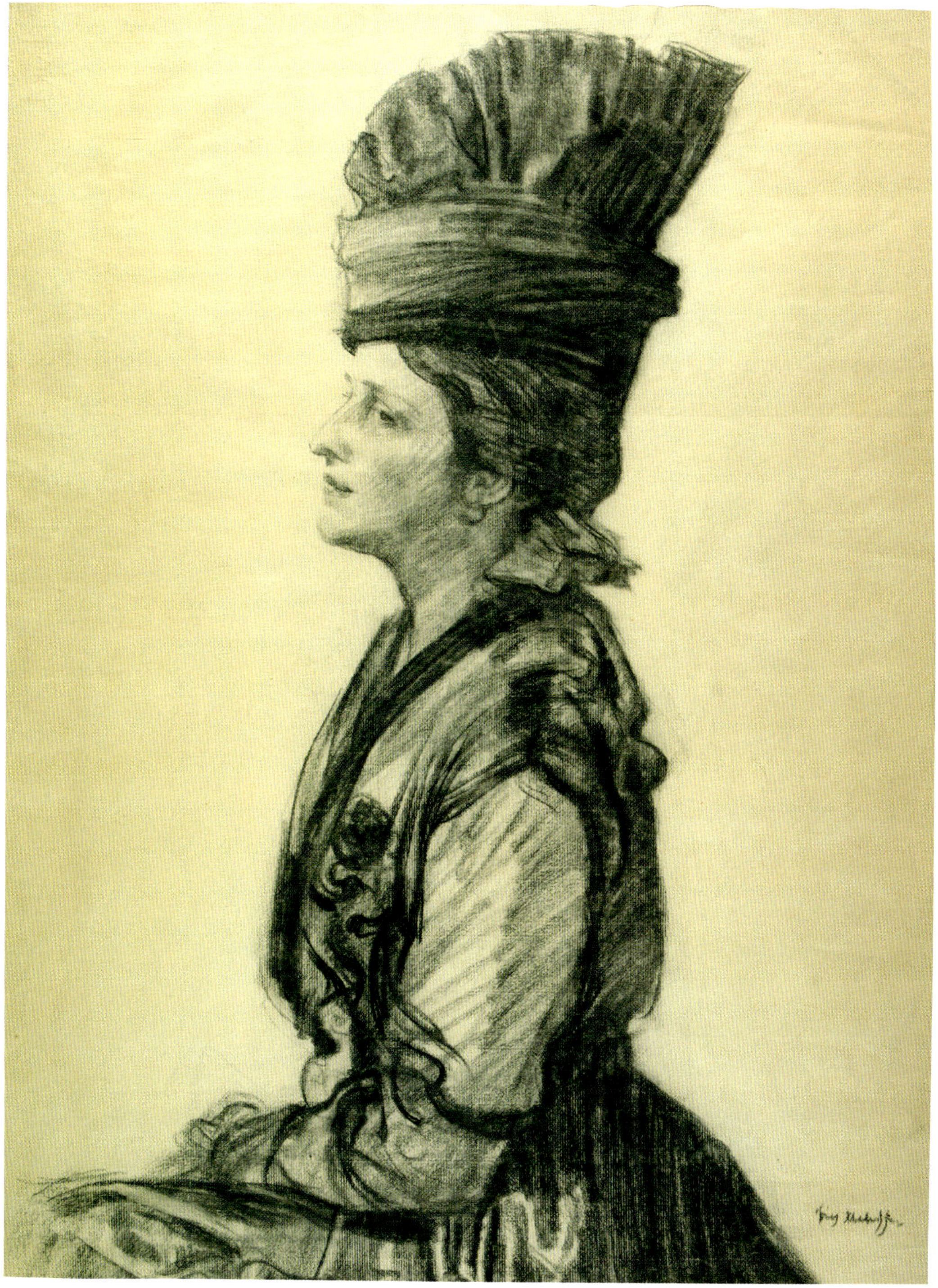

Portret żony
1915–1923
kredka, papier
57,0 × 42,7 cm
(w świetle *passe partout*)

Portrait of the Artist's Wife
1915–1923
crayon on paper
57.0 × 42.7 cm
(within the frame)

W latach 1915–1923 Józef Mehoffer wykonał cykl rysunków utrzymanych w jednakowym formacie, nazwanych przez niego *Rewią Mody*. Jadwiga Mehofferowa prezentuje na nich różne rodzaje strojów, zarówno skromnych, jak i wyszukanych, o obowiązującej wówczas nowej linii i z nieco krótszymi niż wcześniej spódnicami. Charakter powyższej pracy pozwala sądzić, że pochodzi z tego właśnie cyklu. Żona malarza, ujęta w lewym profilu i w półpostaci, nosi tu strojną bluzkę i kapelusz bez ronda, o specyficznej, ostro rysującej się linii.

In 1915–1923 Józef Mehoffer made a cycle of same-sized drawings called *Rewia Mody* (Fashion Parade). In them Jadwiga Mehofferowa presents a variety of costumes, both simple apparel as well as highly sophisticated robes in line with the fashion of the times, with skirts slightly shorter than the ones she wore earlier. This drawing suggests it comes from the cycle. Jadwiga is shown in half-length profile, wearing a dainty blouse and a brimless, sharply outlined hat.

MNK ND 8701

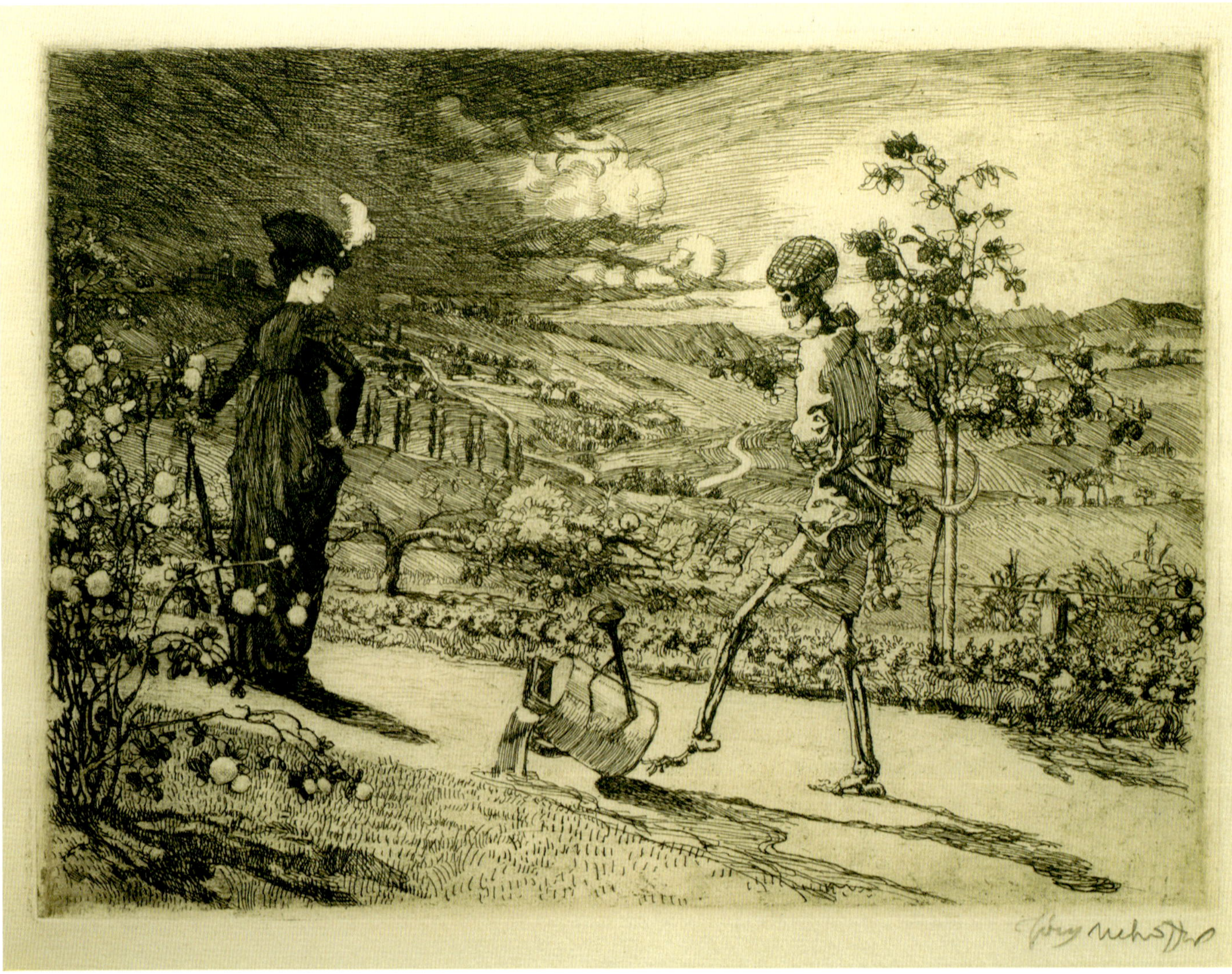

Zuchwały ogrodnik **(II)**
1912
akwaforta,
papier
21,5 × 30,0 cm

The Brazen Gardener **(II)**
1912
copperplate etching
on paper
21.5 × 30.0 cm

Scena rozgrywa się w pięknym, wiosennym ogrodzie Mehofferów w Jankówce (zob. s. 33). Przechadzająca się alejką strojna pani pobladła, zaskoczona widokiem kościotrupa w ubiorze ogrodnika, który właśnie zbliża się ku niej, wywracając po drodze konewkę z wodą. Dzień jest jeszcze słoneczny, lecz od lewej niebo groźnie, burzowo ciemnieje. Zawarta w tym przedstawieniu refleksja nad ulotnością szczęśliwych chwil i doczesnością świata często towarzyszyła Mehofferowi w jego twórczości, tym bardziej skłaniając go do afirmacji urody życia. Uwagę zwraca precyzyjny, subtelny rysunek.

The scene is set in the Mehoffers' beautiful garden at Jankówka (see p. 33) in the springtime. The elegant young woman taking a stroll along a path is horrified to see a skeleton dressed as a gardener boldly approaching her and upsetting a watering-can on the way. It is still sunny, but on the left the sky is growing ominously dark, a storm is brewing. The reflection entailed in this picture on the transience of happy days and the temporality of the world was a frequent companion to Mehoffer's work, encouraging him all the more to express his approval for the charm of life. The picture is noteworthy for the subtlety and precision of the drawing.

MNK ND 8695

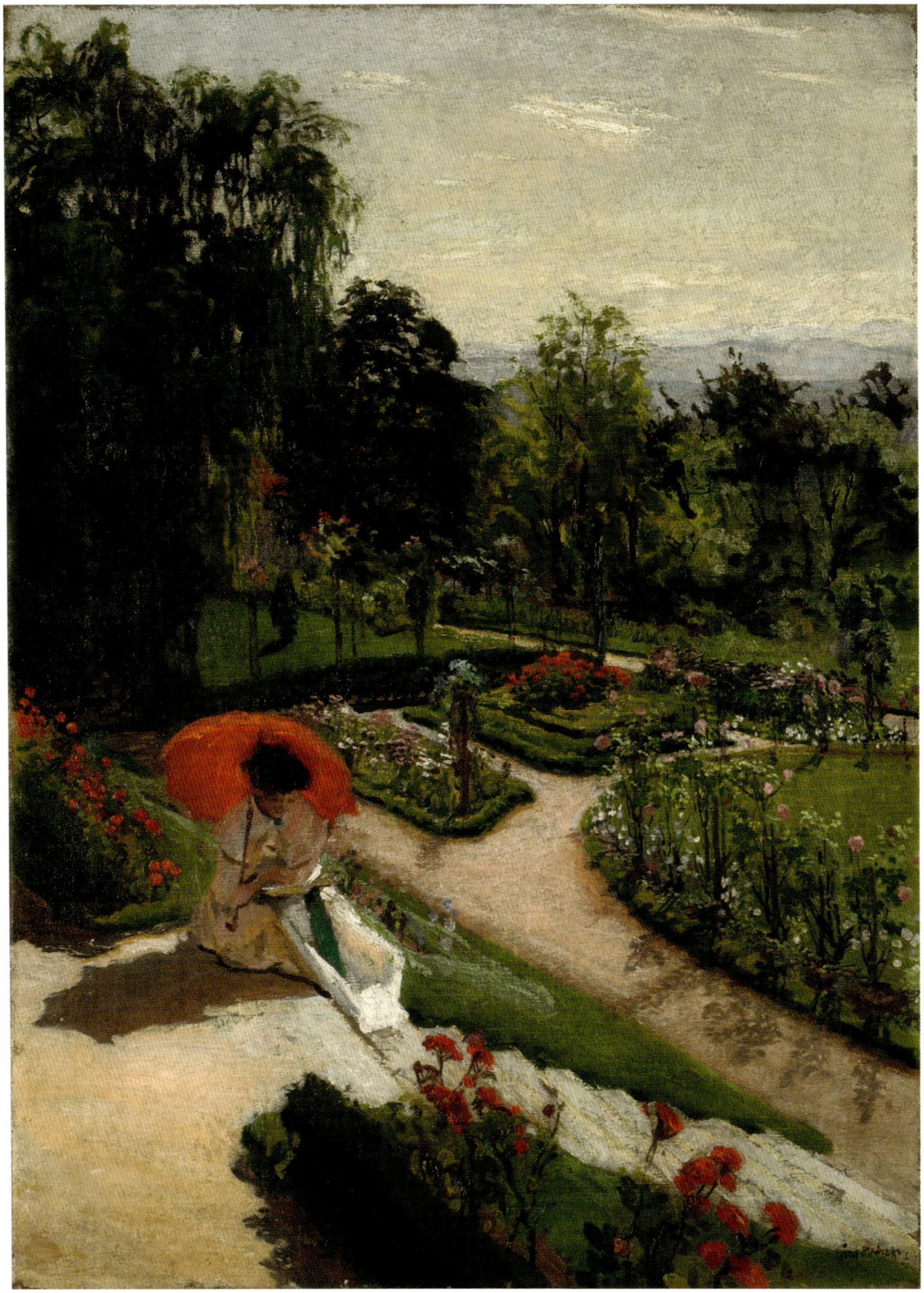

Czerwona parasolka
1917
olej, płótno
68,0 × 51,0 cm

The Red Parasol
1917
oils on canvas
68.0 × 51.0 cm

MNK ND 8545

Obraz, pełen słońca i barw, nawiązujący klimatem do płócien impresjonistów, przedstawia widok sprzed dworu Mehofferów w Jankówce koło Wieliczki. Posiadłość tę Mehoffer nabył w roku 1907. Przed starym drewnianym dworem, usytuowanym wysoko na południowym stoku wzgórza, założył własnego projektu ogród kwiatowy, schodzący tarasami w dół, ku sadom. Rozpościerał się stamtąd piękny widok na dolinę Raby zamkniętą pasmami wzgórz. W Jankówce kwitło życie artystyczne i towarzyskie. Pogrążona w lekturze kobieta z parasolką to żona malarza.

The climate of this picture full of sunlight and colour alludes to the work of the Impressionists. It shows the view from the Mehoffers' country residence at Jankówka near Wieliczka (south-east of Cracow). Mehoffer bought the property in 1907. In front of a traditional Polish *dwór* country cottage high up on a south-facing hillside, he laid out his own garden, with flowerbeds descending down to an orchard. There was a beautiful view from the garden of the Raba Valley enclosed by a couple of ranges of hills. Jankówka was a favourite venue for artists and socialites. The woman engrossed in reading under a parasol is the artist's wife.

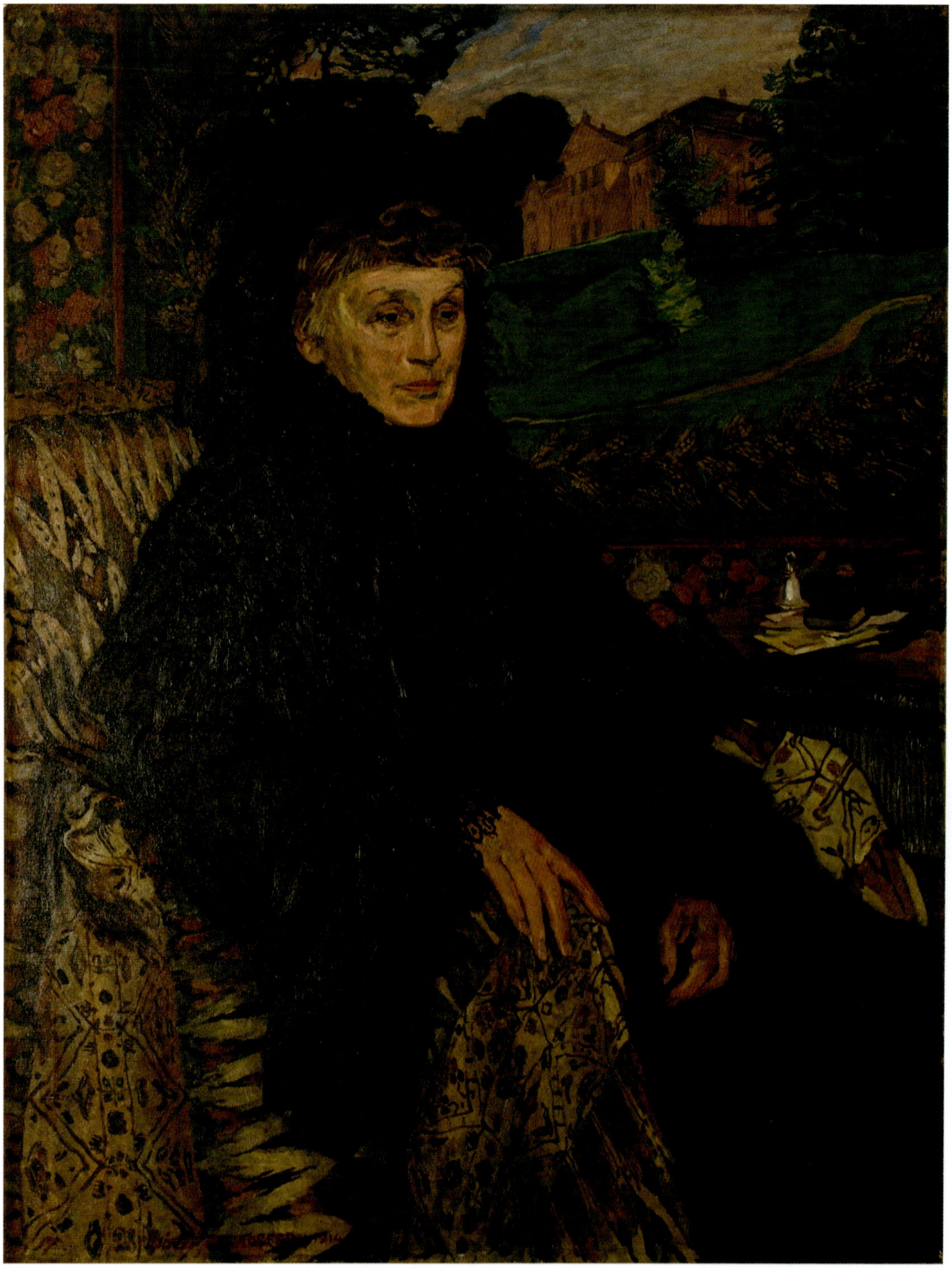

Portret Marii z Moszyńskich Pusłowskiej
1914
olej, płótno
118,0 × 90,0 cm

Portrait of Maria Pusłowska née Moszyńska
1914
oils on canvas
118.0 × 90.0 cm

MNK ND 8534

Maria z Moszyńskich (1845–1926) była żoną Zygmunta Pusłowskiego, mecenasa sztuki i kolekcjonera oraz matką Ksawerego – pisarza, kontynuatora kolekcjonerskich zamiłowań ojca. Jako młodą kobietę w pięknym, znanym portrecie ukazał ją Jan Matejko. Józef Mehoffer przedstawił Marię w starszym wieku. W tle, na gobelinie, umieścił widok pałacu Pusłowskich w Czarkowach nad Nidą, który na oczach właścicielki został spalony przez Rosjan w początkach pierwszej wojny światowej. Stosunki towarzyskie z rodziną Pusłowskich artysta nawiązał za pośrednictwem Karola Huberta Rostworowskiego, siostrzeńca sportretowanej.

Maria Pusłowska née Moszyńska (1845–1926), was the wife of Zygmunt Pusłowski, connoisseur and patron of the arts, and mother of the writer Ksawery who continued his father's passion for collecting. When she was a young woman Jan Matejko painted a beautiful and well-known portrait of her. Józef Mehoffer presented her as an old lady. In the background he put a tapestry showing the Pusłowski country residence at Czarkowy on the River Nida, which the Russians burned down at the beginning of the First World War before its mistress' eyes. Mehoffer was introduced to the Pusłowski family by Karol Hubert Rostworowski, who was a nephew of Maria Pusłowska.

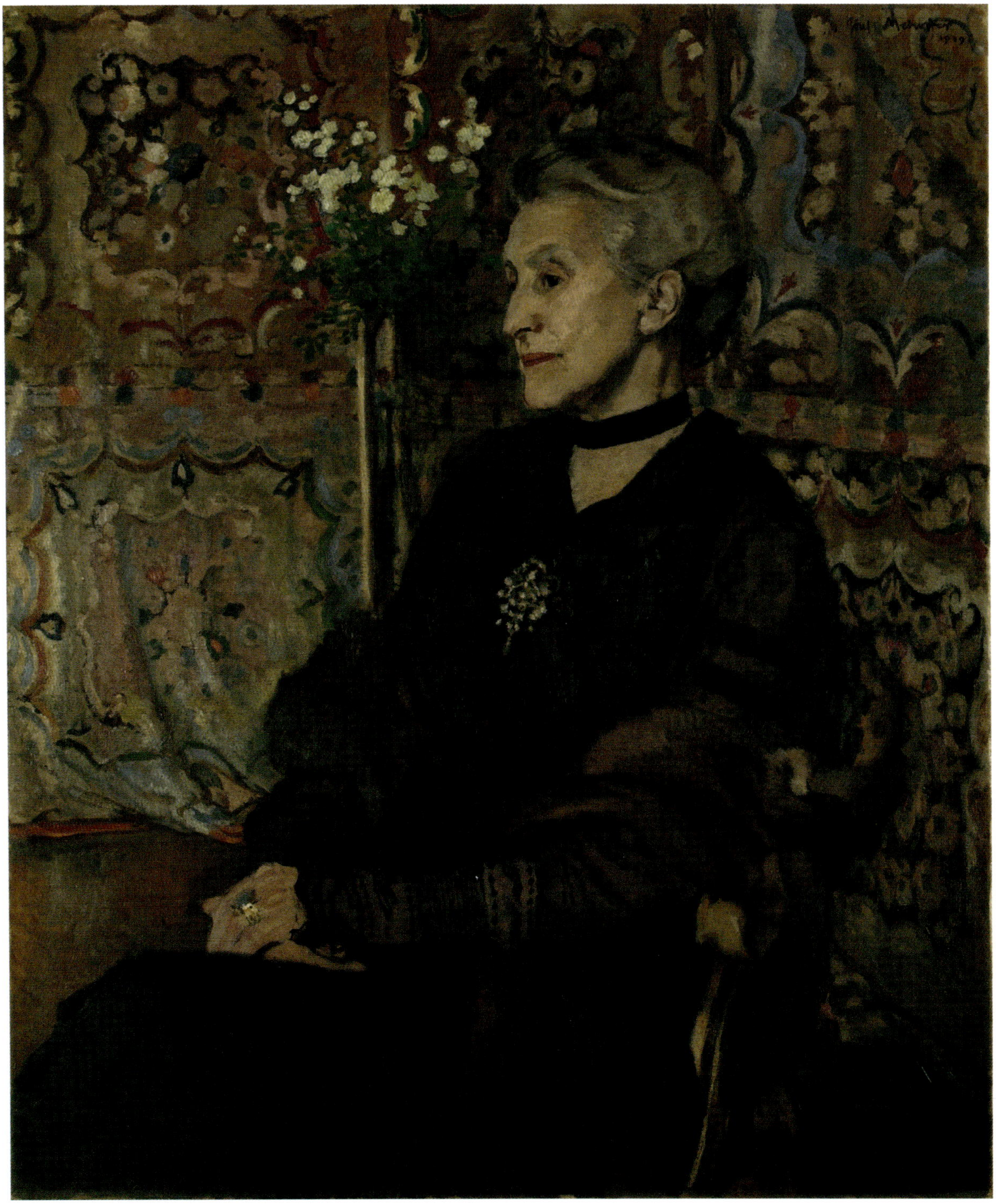

Portret Celiny Sarowej
1919
olej, płótno
100,0 × 69,0 cm

Portrait of Celina Sarowa
1919
oils on canvas
100.0 × 69.0 cm

Przedstawiona tu starsza pani to żona Józefa Sarego (zob. s. 40), długoletniego wiceprezydenta miasta Krakowa. Mehoffer ujął ją w bliskim planie, w fotelu, na tle wzorzystej draperii o delikatnych barwach, harmonizujących ze stonowaną kolorystyką postaci i zarazem ożywiających kompozycję. Natomiast znakomity, „młodopolski" jeszcze pędzel artysty widoczny jest głównie w obrębie pierwszego planu, np. w partii rozmalowanej ze swobodą etoli.

The old lady in this picture is the wife of Józef Sare (see p. 40), who served for many years as Cracow's Deputy Mayor. Mehoffer presented her seated against the background of a patterned drapery in delicate colours harmonising with the modest colours used for the figure, and brightening up the composition. The artist's exquisite *Młoda Polska* technique may be readily observed in the picture's foreground, especially the liberal brushstrokes in the ladies' stole.

MNK II-b-1071

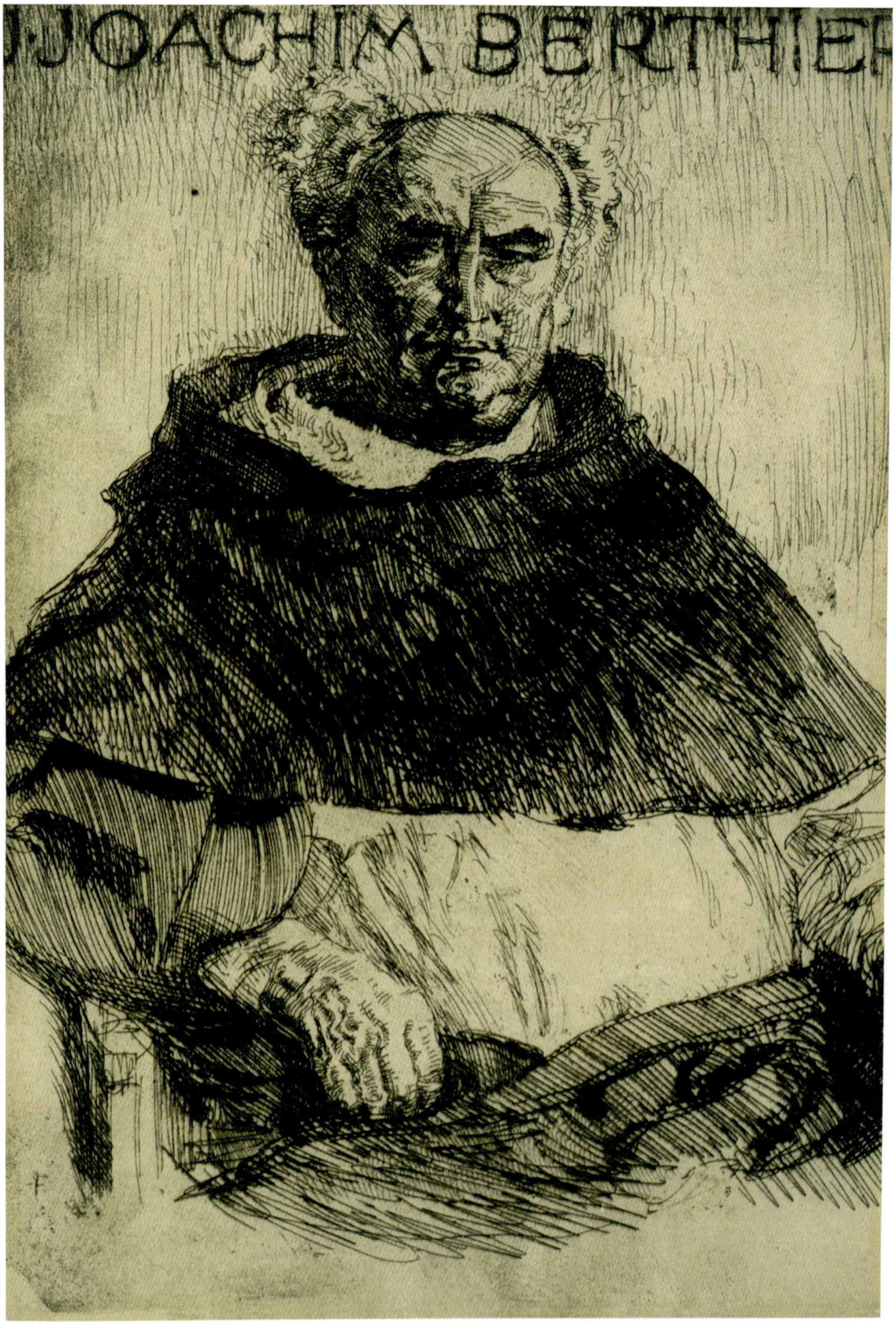

***Ojciec Joachim Berthier* (I)**
po 1912
akwaforta
i sucha igła, papier
24,0 × 17,5 cm

Father Joachim Berthier (I)
after 1912
copperplate etching
and dry point on paper
24.0 × 17.5 cm

Dominikanin, ojciec Joachim Berthier (1840–1924), teolog, filozof, estetyk, wykładowca na uniwersytecie we Fryburgu był członkiem jury konkursu na witraże w tamtejszej kolegiacie i jednym z organizatorów tego przedsięwzięcia. Zajmował się św. Tomaszem z Akwinu oraz twórczością Dantego. W roku 1900 otrzymał doktorat *honoris causa* Uniwersytetu Jagiellońskiego. Od początku gorąco popierał projekt Józefa Mehoffera. Z artystą połączyła go długoletnia przyjaźń. Opublikował studium na temat pierwszych siedmiu witraży fryburskich.

The Dominican Father Joachim Berthier (1840–1924) was a theologian, philosopher and aesthetician. He lectured in Fribourg University and was an organiser and jury member of the competition for the stained-glass windows in the local collegiate church. His academic interests were St. Thomas Aquinas and Dante. In 1900 the Jagiellonian University conferred an honorary doctorate on him. From the very start of the competition Father Berthier was enthusiastic about Mehoffer's design. They became close friends. Joachim Berthier published a treatise on the first seven of Mehoffer's Fribourg stained-glass windows.

MNK III-ryc. 22523

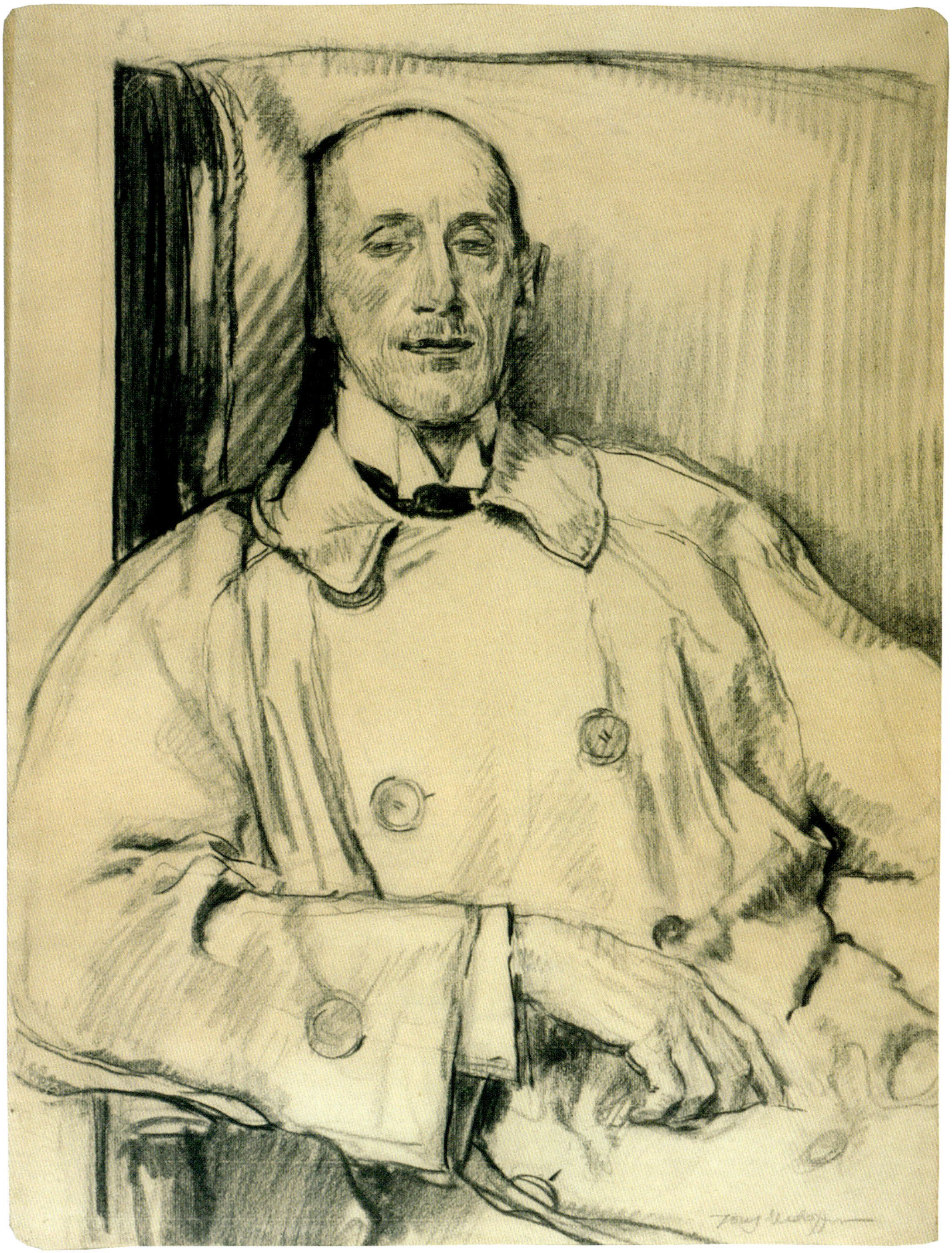

Portret Karola Huberta Rostworowskiego
1913
węgiel, papier
63,0 × 48,0 cm

Portrait of Karol Hubert Rostworowski
1913
charcoal on paper
63.0 × 48.0 cm

MNK ND 8521

Karol Hubert Rostworowski (1877–1938) – dramaturg, poeta i publicysta – z Jadwigą i Józefem Mehofferami związany był długoletnią przyjaźnią. Często na dłużej gościł u nich w Jankówce, gdzie – jak zapamiętano – z upodobaniem grywał Wagnera na fortepianie i oddawał się pracy literackiej – gospodarze bywali pierwszymi recenzentami jego utworów. Tam właśnie powstawał *Judasz z Kariothu* (1913), który później (z Ludwikiem Solskim w roli tytułowej) odniósł ogromny sukces sceniczny. Mehoffer zaprojektował scenografię do tej sztuki. Rysunek przedstawia Rostworowskiego w Jankówce w jego ulubionym fotelu-uszaku.

Karol Hubert Rostworowski (1877–1938), dramatist, poet, and political journalist, was a friend of many years' standing of Józef Mehoffer and his wife. He was a frequent guest at Jankówka, staying for longer spells, and was remembered for playing Wagner on the piano and writing. His hosts were his first critics: he wrote *Judasz z Kariotu* (Judas Iscariot, 1913) at Jankówka. The play was a tremendous success on the stage, with Ludwik Solski as the main character and stage design by Mehoffer. This drawing shows Rostworowski at Jankówka, in his favourite armchair.

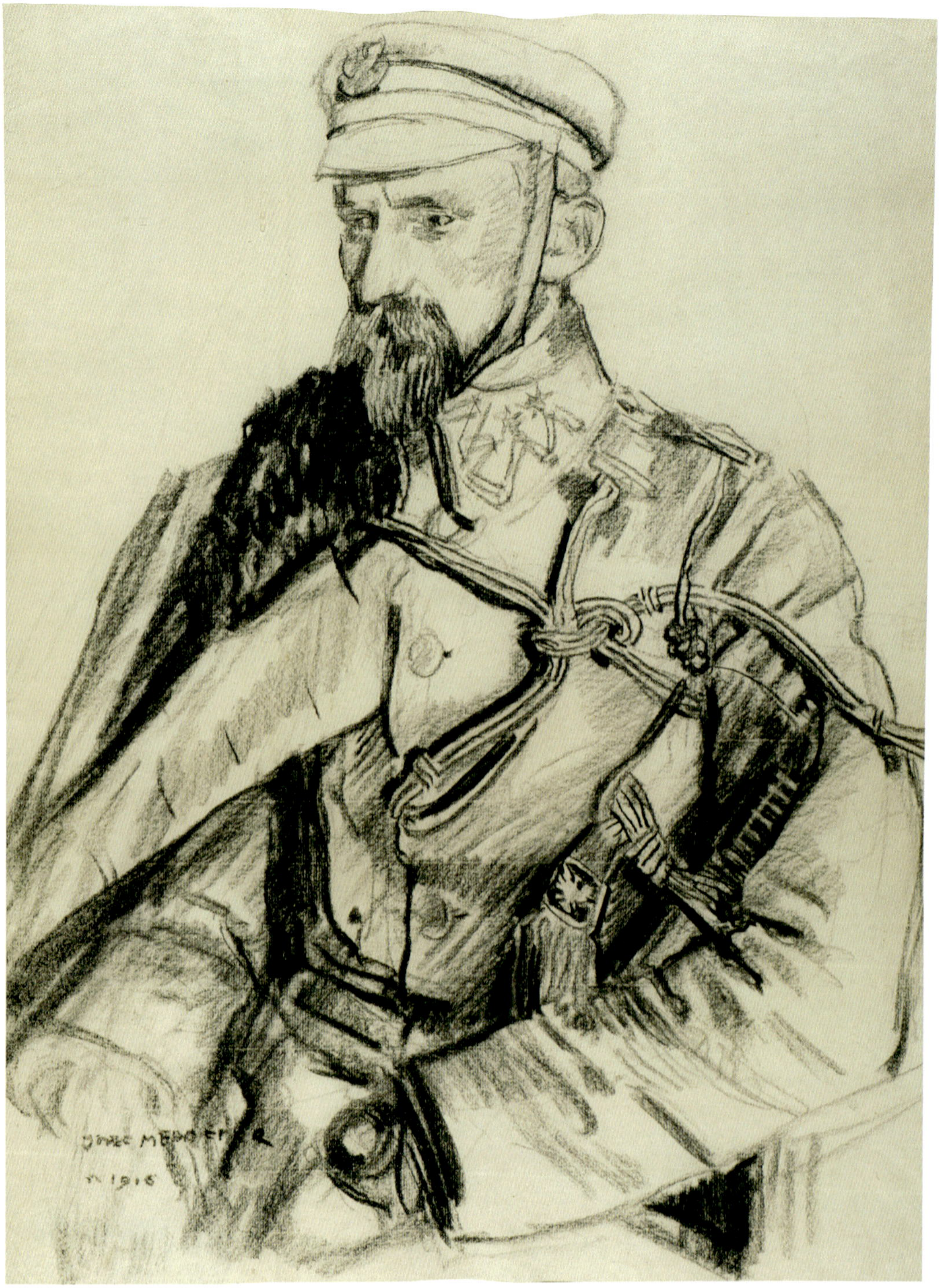

Portret porucznika Kazimierza Młodzianowskiego
1916
węgiel, papier
63,0 × 48,0 cm

Portrait of Lieutenant Kazimierz Młodzianowski
1916
charcoal on paper
63.0 × 48.0 cm

Kazimierz Młodzianowski (1880–1928), malarz, wychowanek krakowskiej Akademii Sztuk Pięknych, uczeń m.in. Józefa Mehoffera, entuzjasta sztuki stosowanej. Był jednym z założycieli Warsztatów Krakowskich (1913), później zaś „Ładu" (1926). W 1914 wstąpił do Legionów; w Wojsku Polskim osiągnął stopień generała. Działalności artystycznej nigdy jednak nie porzucił. Zwolennik i współpracownik Piłsudskiego, którego zresztą portretował, należał do znanych postaci tamtych lat. Mehoffer przedstawił go w mundurze legionisty.

Kazimierz Młodzianowski (1880–1928), painter, graduate of the Academy of Fine Arts and Mehoffer's student, was also an enthusiast of applied art. He was a co-founder of the artists' societies Warsztaty Krakowskie (1913) and Ład (1926). In 1914 he joined Piłsudski's Polish Legions and reached the rank of general in the Polish Army. But he never gave up art. As one of Piłsudski's political adherents and close collaborators, he was a public figure in those years. Mehoffer painted him in a legionnaire's uniform.

MNK ND 8662

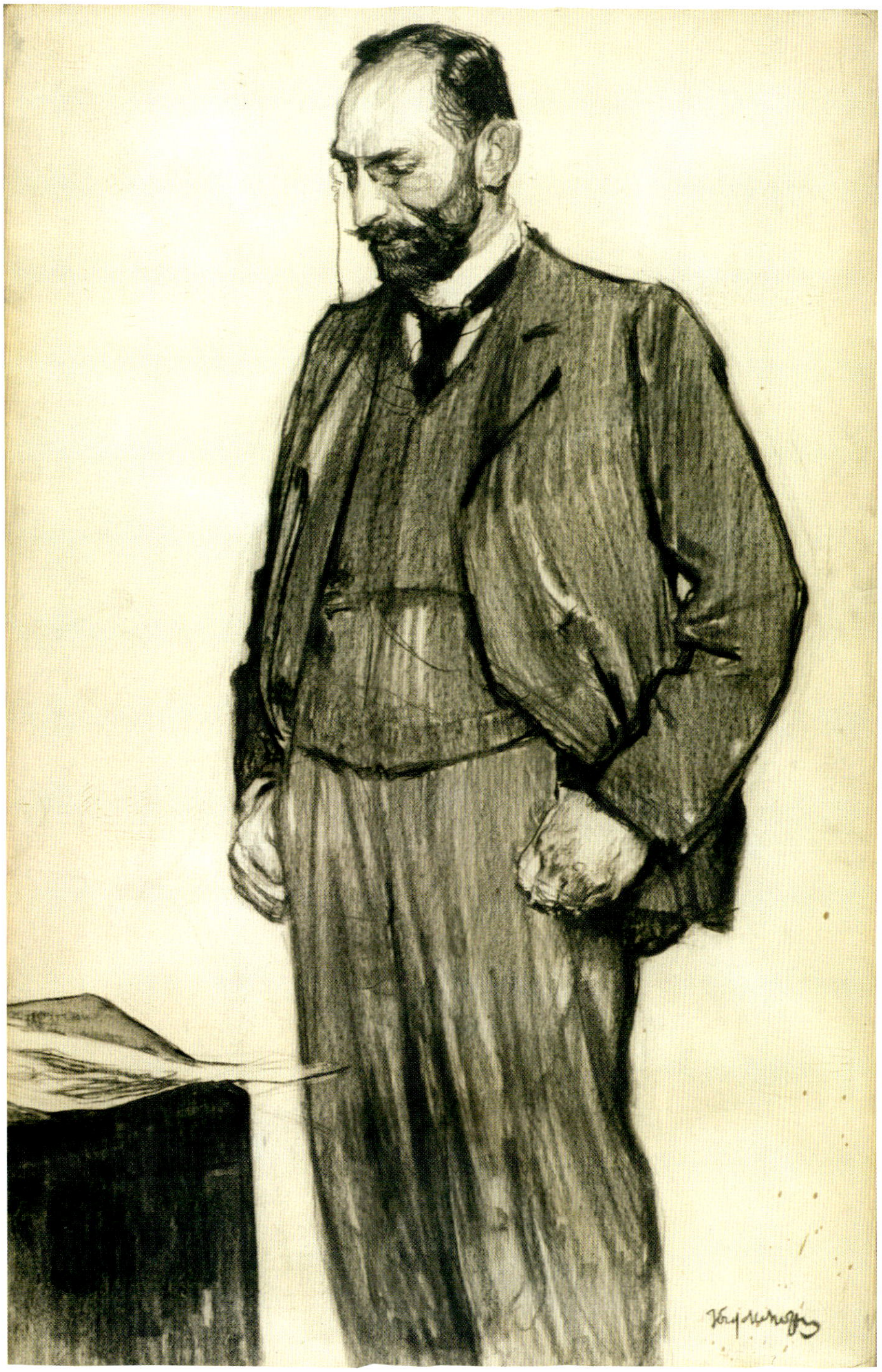

Portret Feliksa Jasieńskiego
1920
węgiel, papier
94,0 × 60,5 cm

Portrait of Feliks Jasieński
1920
charcoal on paper
94.0 × 60.5 cm

Feliks Manggha Jasieński (1861–1929), znawca i kolekcjoner sztuki, to postać niezwykle barwna i popularna w młodopolskim Krakowie. Jego wspaniałe zbiory, które w roku 1920 zapisał Muzeum Narodowemu w Krakowie, obejmowały grafikę europejską, dzieła współczesnych mu artystów polskich oraz sztukę i wyróżniające się egzotycznym pięknem przedmioty codziennego użytku z krajów Bliskiego i Dalekiego Wschodu. Wielce przyczynił się do spopularyzowania na gruncie polskim sztuki japońskiej. Przyjaźnił się z artystami. Portretowali go niemal wszyscy wybitni twórcy młodopolscy.

Feliks Manggha Jasieński (1861–1929), art connoisseur and collector, prominent and popular personality in the Młoda Polska Cracow. His magnificent collection, which in 1920 he presented to the National Museum in Cracow, included European graphic art, works by contemporary Polish artists, and artworks from the countries of the Middle and Far East, including fine, exotic objects of everyday use. He made a major contribution to popularising Japanese art in Poland. He was a friend of many artists and almost all of the principal Młoda Polska artists painted portraits of him.

MNK III-r.a. 13 323

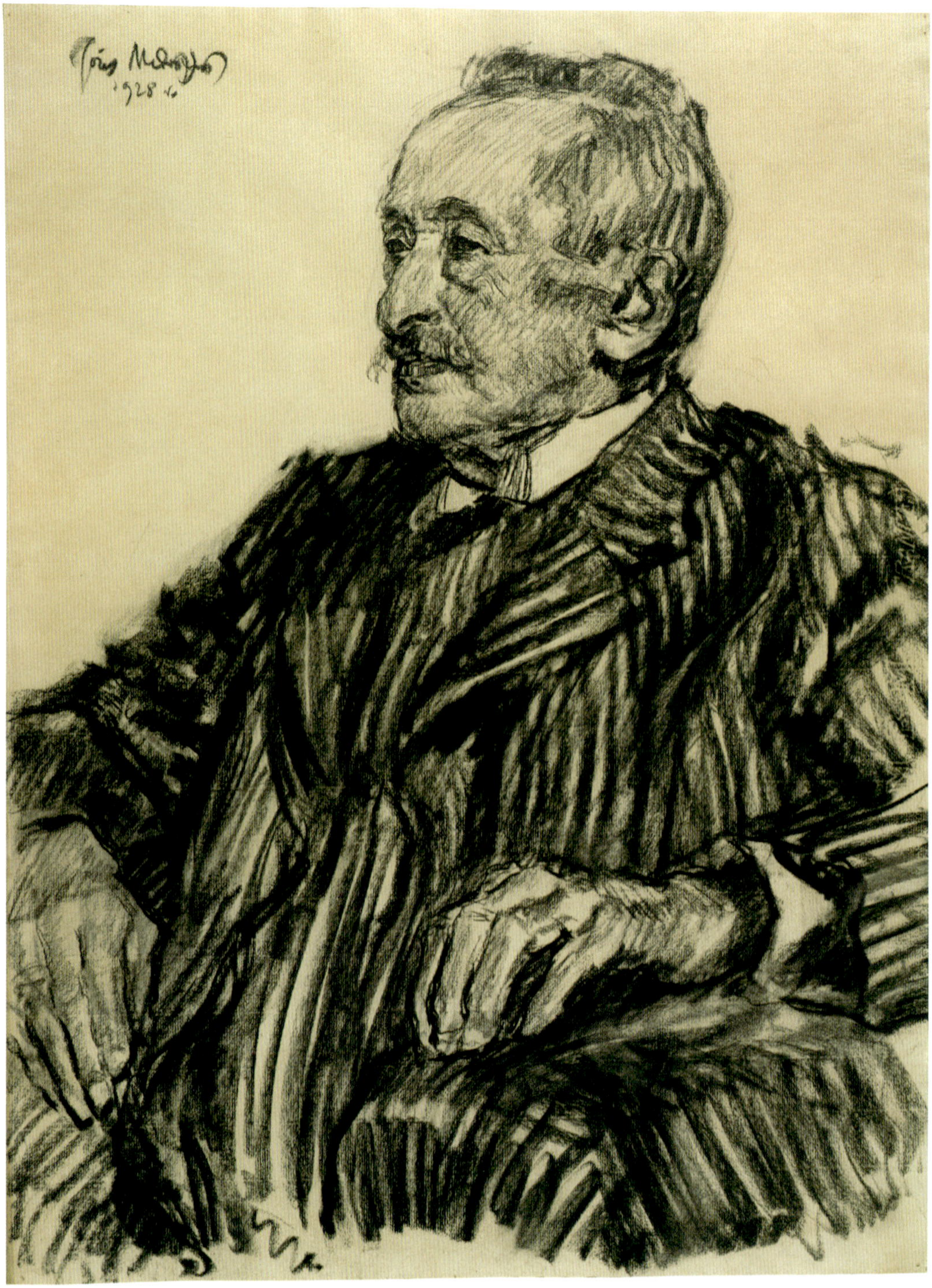

Portret Józefa Sarego, wiceprezydenta Krakowa
1928
węgiel, papier
65,0 × 48,5 cm

Portrait of Józef Sare, Deputy Mayor of Cracow
1928
charcoal on paper
65.0 × 48.5 cm

Józef Sare (1850–1929), inżynier budownictwa i architekt, aktywnie angażował się w prace na rzecz miasta i kraju. Od roku 1905 przez blisko ćwierćwiecze był wiceprezydentem Krakowa. Jako architekt zaprojektował wiele krakowskich gmachów – m.in. Collegium Medicum, Collegium Agronomicum, Gimnazjum Nowodworskiego na Groblach czy Gimnazjum Sobieskiego. Przedstawiający go rysunek zwraca uwagę mocną, ekspresyjną kreską.

Józef Sare (1850–1929), construction engineer and architect, actively engaged in Polish and Cracovian public affairs. For nearly a quarter-century from 1905 he was Deputy Mayor of Cracow. He designed many of the city's buildings: the Collegium Medicum and Collegium Astronomicum for the University, and the Nowodworski and Sobieski grammar schools. This drawing of him is noteworthy for its resolute, expressive lines.

MNK III-r.a.-7096

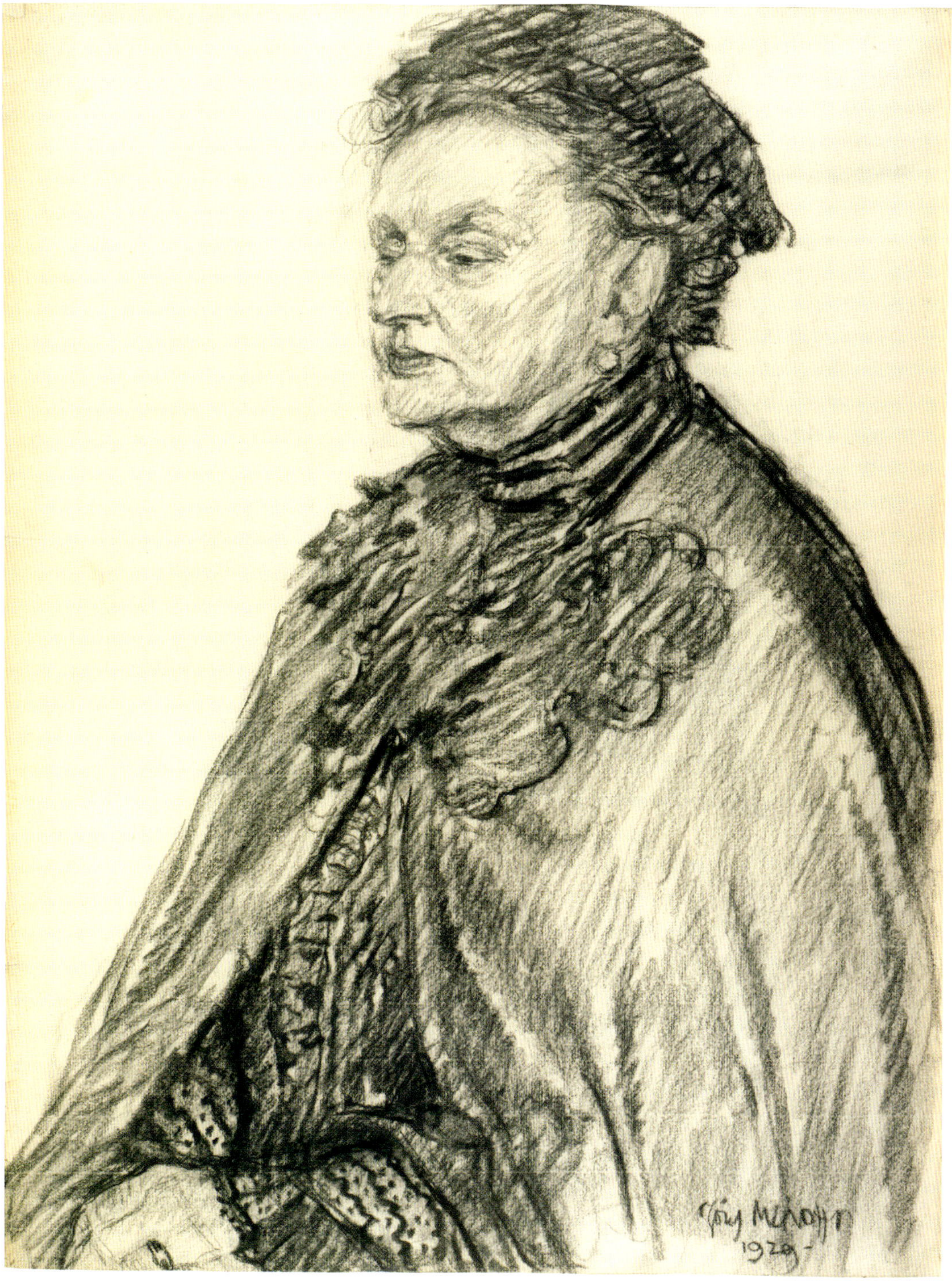

Portret Róży z Potockich Edwardowej Raczyńskiej
1929
węgiel, papier
63,0 × 48,0 cm

Portrait of Róża Raczyńska née Potocka
1929
charcoal on paper
63.0 × 48.0 cm

Róża z Potockich Edwardowa Raczyńska (1849–1937) to jedna z tych znamienitych dam, którym wiele zawdzięczają zarówno ich rody, jak i kultura narodowa. Wdowa po Władysławie Krasińskim (synu Zygmunta), w roku 1886 poślubiła Edwarda Raczyńskiego. Zadbała o uratowanie i podniesienie do świetności Rogalina, rodzinnego majątku Raczyńskich w Wielkopolsce, wspierała kolekcjonerskie pasje męża. Rodzina mieszkała na ogół w Krakowie. Syn Róży i Edwarda – Edward Bernard Raczyński (1891–1993), był w latach 1979–1986 prezydentem RP na uchodźstwie.

Róża née Potocka Raczyńska (1849–1937), wife of Edward Raczyński and one of those distinguished aristocratic ladies to whom both their families and the national culture have much to owe. The widow of Władysław Krasiński (son of the poet Zygmunt), in 1886 she married Count Edward Raczyński and restored Rogalin, the Raczyński ancestral property in Greater Poland, making it a splendid stately residence. She supported her husband's enthusiasm for collecting. They spent most of their time in Cracow. Their son, Edward Bernad Raczyński (1891–1993) was President of Poland in Exile (1979–1986).

MNK ND 8705

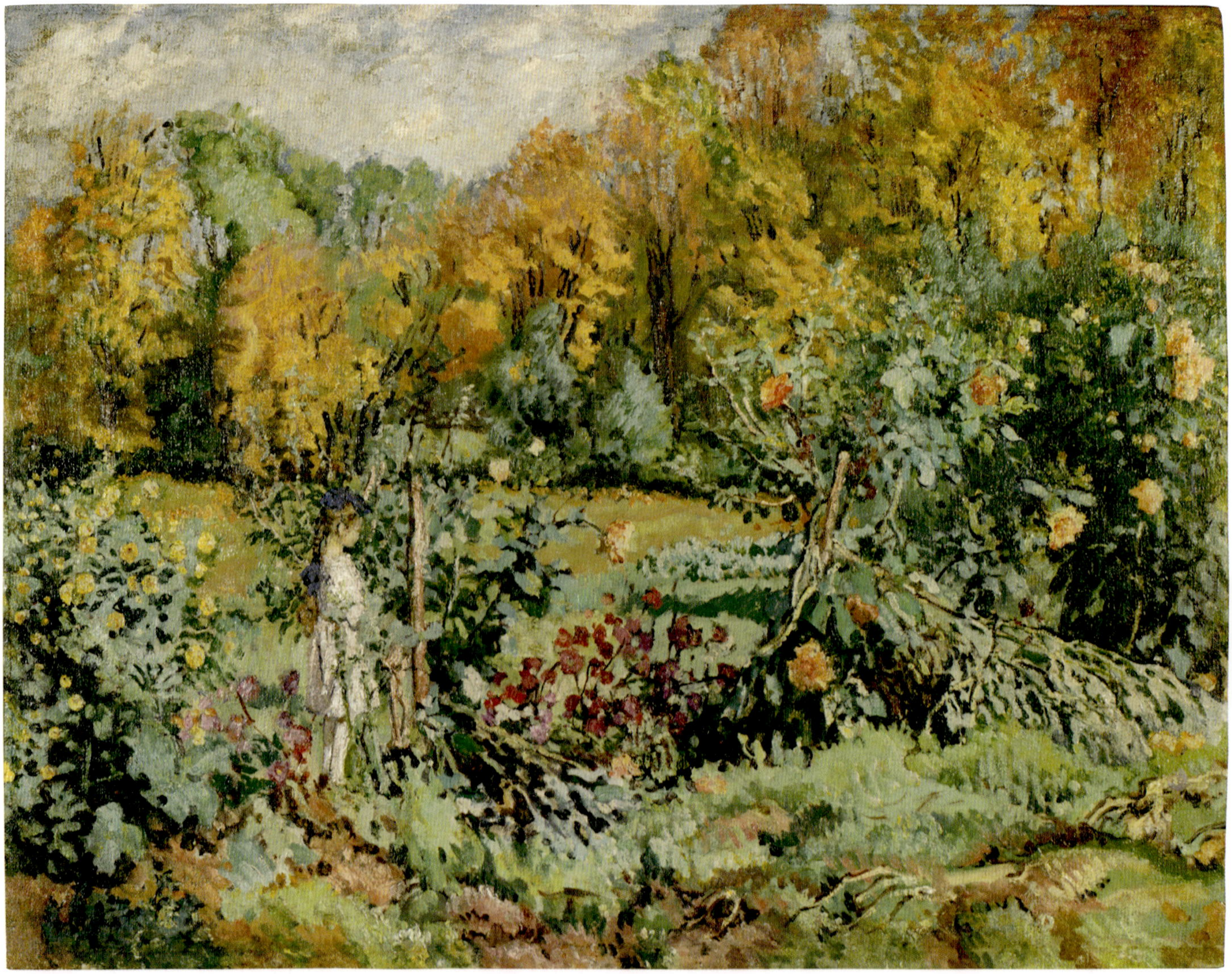

Zwarzony ogród
1929
olej, płótno
51,0 × 68,0 cm

The Traunced Garden
1929
oils on canvas
51.0 × 68.0 cm

Jest to motyw krajobrazowy z majątku Popielów w Wójczy. Mehoffer, zaprzyjaźniony z właścicielami, w okresie międzywojnia często spędzał tam wakacje, malując w rozległym parku, nad stawami, wśród pobliskich pól. To przedstawienie jesiennego ogrodu stanowi przykład jego umiejętności w oddaniu prawdy i urody pejzażu, bujności natury, bogactwa zniuansowanych barw. Uwagę zwraca specyficzny dukt pędzla, kładącego liczne drobne plamy o dekoracyjnym walorze.

A landscape motif from Wójcza, the country property of the Popiel family. Mehoffer, who was a family friend, often spent his summer holidays there in the 1920s and 30s, painting in the extensive grounds. This autumnal view of the garden shows his aptitude for presenting the truth and beauty of the landscape, the abundance of nature, the richness of the nuanced colours. He has a remarkable brush-stroke, using a multitude of spots of colour to create a decorative effect.

MNK ND 8546

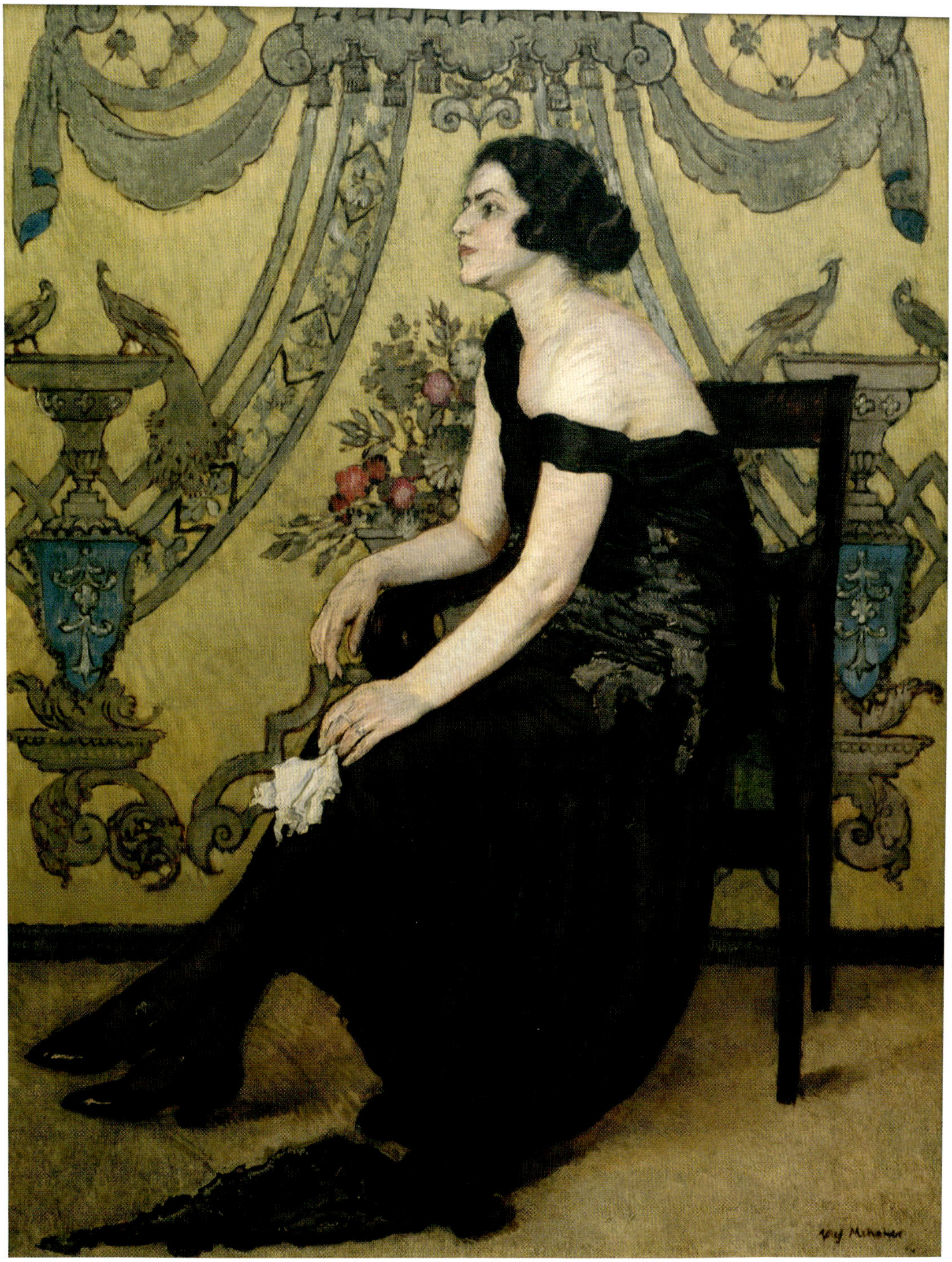

Róża Saaronu
1923
olej, płótno
101,0 × 78,0 cm

The Rose of Sharon
1923
oils on canvas
101.0 × 78.0 cm

Portret przedstawia Zofię Minderową, właścicielkę eleganckiej pracowni krawieckiej w międzywojennym Krakowie. Modelka nosi wyjściową suknię, zgodną z modą lat dwudziestych XX wieku. Wyrazista sylweta całej postaci i stylowego krzesła rysuje się na tle makaty o bogatym ornamentalnym wzorze. Malarz posłużył się tu deseniem osiemnastowiecznego parochetu Żydów sefardyjskich ze swej własnej kolekcji i dokonał jego stylizacji. Obraz znany jest też w nieznacznie zmienionej wersji pt. *Fantazja ornamentalna.* Stanowi przykład dobrego malarstwa portretowego tamtych lat.

The portrait of Zofia Minderowa, proprietress of a fashionable ladies' dressmakers' shop in Cracow in the 1920s and 30s. The model is in an evening gown of the kind fashionable in the 1920s. Her distinctive silhouette and the shape of the chair are contrasted against a richly ornamented tapestry. Mehoffer adapted the pattern from an 18th-century Sephardic Jewish parochet in his private collection. There is a slightly different version of this painting known as *Ornamental Fantasy*. It is an example of the fine portrait painting of those years.

MNK II-b-3170

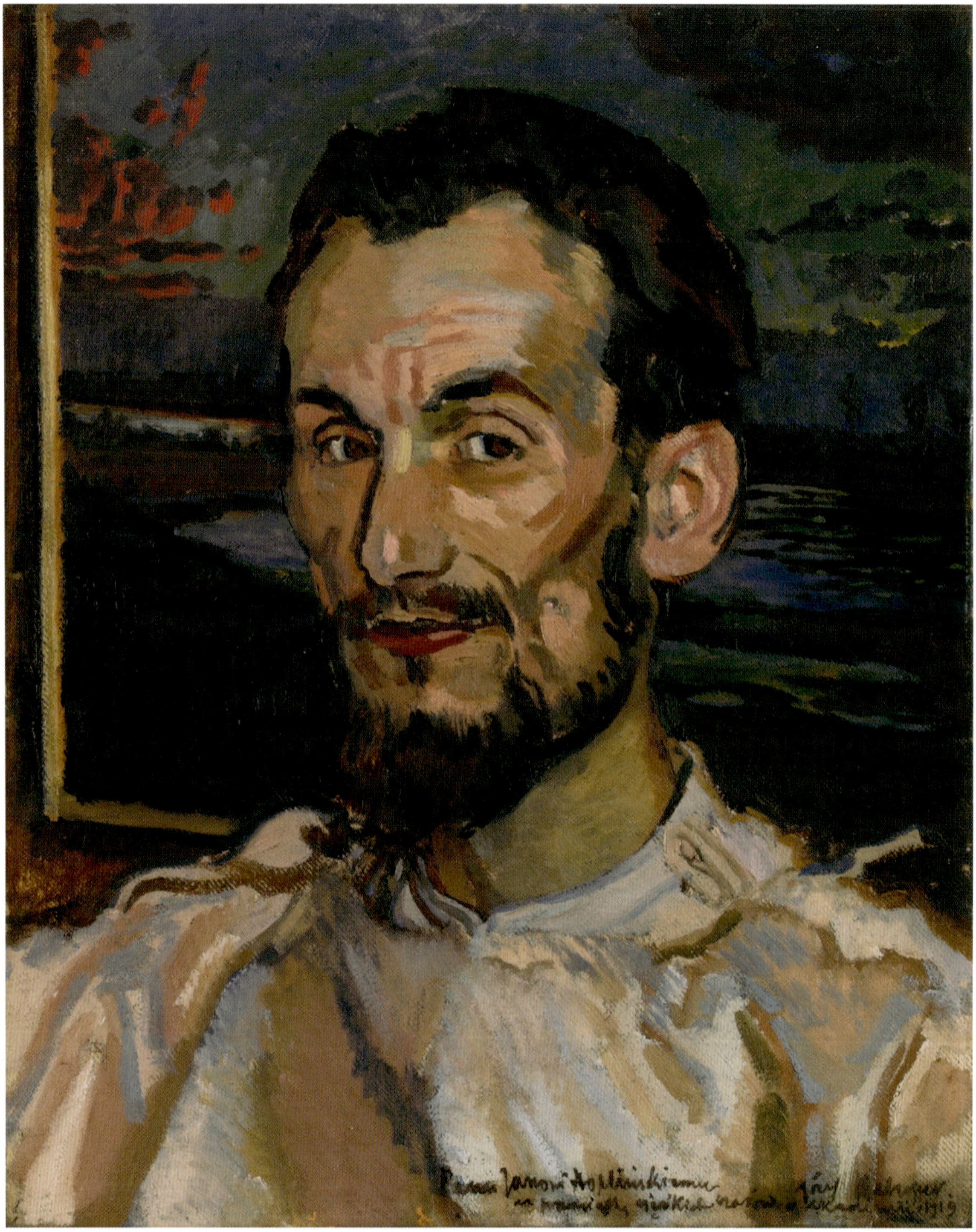

Portret Jana Hoplińskiego
1919
olej, płótno
45,0 × 36,0 cm

Portrait of Jan Hopliński
1919
oils on canvas
45.0 × 36.0 cm

Jan Hopliński (1887–1974) był konserwatorem malarstwa, autorem publikacji z tego zakresu, twórcą Wydziału Konserwacji w krakowskiej Akademii Sztuk Pięknych. Obraz powstał zapewne w pracowni Mehoffera na Akademii. Opatrzony jest dedykacją autora dla portretowanego. Przedstawia Hoplińskiego w popiersiu, na tle fragmentu wielkoformatowego obrazu olejnego Józefa Mehoffera *Wisła pod Niepołomicami* (z 1894 roku). Intensywne barwy, głównie w partii tła, ostry modelunek oraz nieco diaboliczny wyraz twarzy modela decydują o specyficznej ekspresji płótna.

Jan Hopliński (1887–1974), conservation specialist for paintings, writer on this subject and creator of the Department of Conservation in the Cracow School of Fine Arts. This painting was probably made in Mehoffer's studio in the Academy. It bears Mehoffer's dedication to Hopliński, and presents him in bust form, with part of Mehoffer's large canvas in oils, *The Vistula at Niepołomice* (1894), in the background. The intensive colours, especially in the background, the sharp outline and slightly devilish look on the sitter's face make for the picture's expressiveness.

MNK II-b-3715

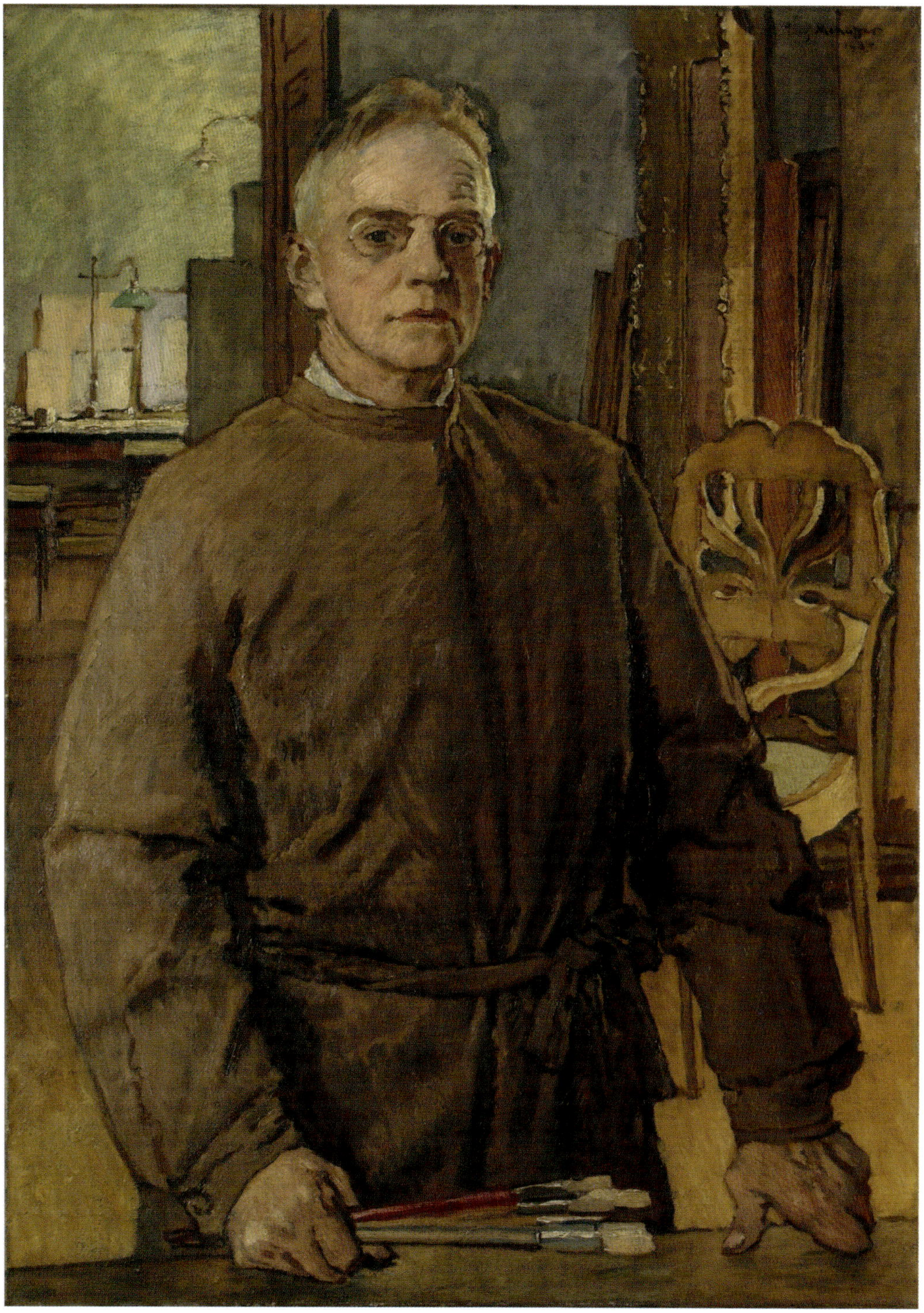

Autoportret
1937
olej, płótno
93,0 × 68,0 cm

Self-Portrait
1937
oils on canvas
93.0 × 68.0 cm

Autor przedstawił się w malarskim kitlu i z pędzlami, na tle wnętrza swej pracowni w gmachu Akademii Sztuk Pięknych przy placu Matejki w Krakowie. Jest to replika portretu znajdującego się w Akademii.

Mehoffer's self-portrait in a painter's overall holding a set of brushes. The background is the interior of his studio in the Academy of Fine Arts Building, plac Matejki, Cracow. A replica of the picture in the Academy.

MNK ND 8538

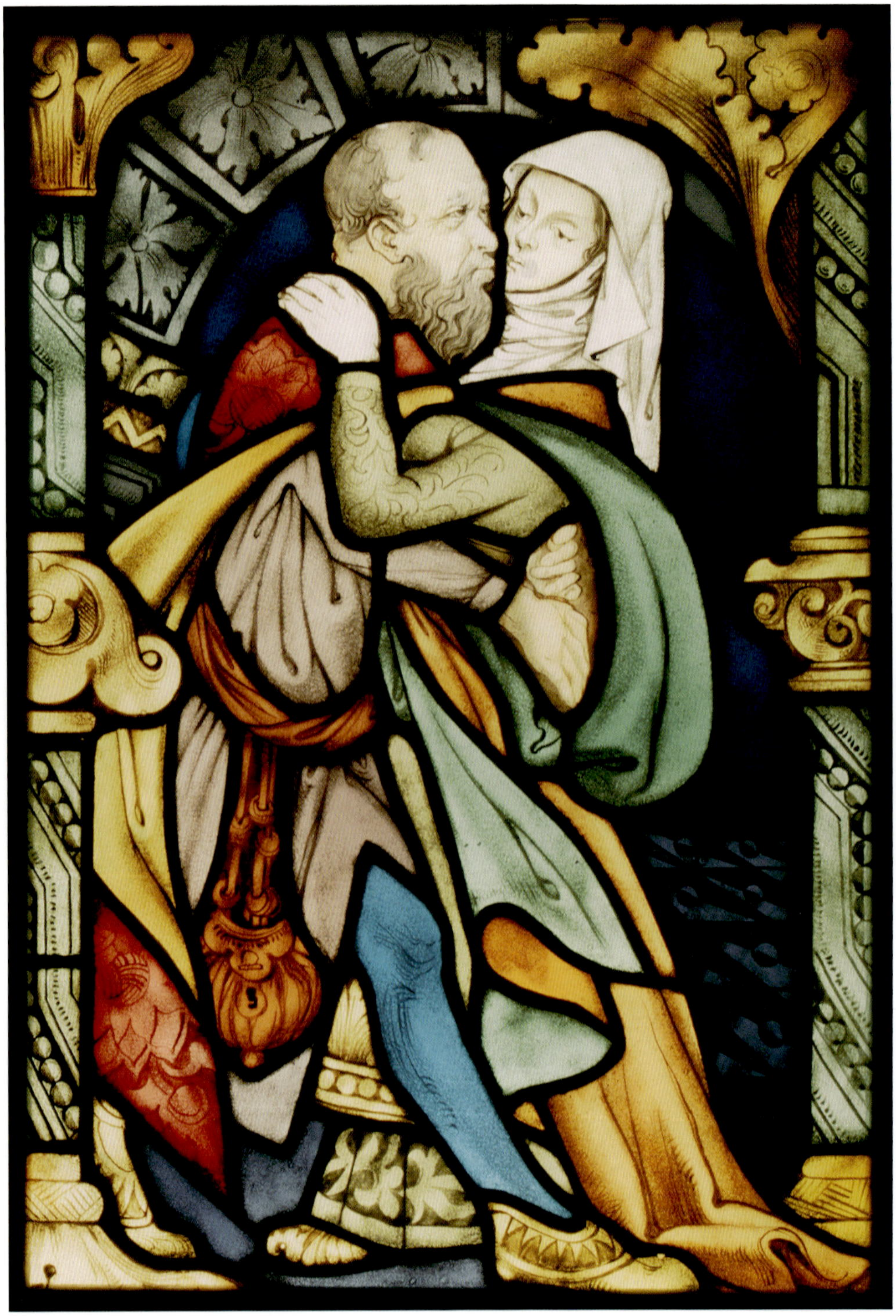

Spotkanie w Złotej Bramie
replika kwatery witraża ze scenami z życia Marii
projekt 1891,
replika 1902–1906
barwne szkło, ołów
68,0 × 46,5 cm
(w świetle obramienia)

Meeting in the Golden Gate
replica of a compartment from the stained-glass window of episodes from the Life of Mary
design 1891
replica 1902–1906
stained glass and lead
68.0 × 46.5 cm
within frame

MNK IV-Sz-2348/1

Od zarania swej drogi twórczej Józef Mehoffer obok malarstwa sztalugowego uprawiał równolegle malarstwo monumentalne: witraż i polichromię. W tej dziedzinie pierwsze kroki stawiał wspólnie ze Stanisławem Wyspiańskim. Już w roku 1891 architekt Tadeusz Stryjeński zamówił u nich witraż do dużego okna w fasadzie kościoła Mariackiego w Krakowie. Młodzi artyści nawiązali do charakteru czternastowiecznych witraży, zachowanych w oknach zamknięcia prezbiterium. Ich witraż składa się z wielu kwater. Repliki 16 środkowych, ze scenami z życia Marii, wykonano w latach 1902–1906 w krakowskim zakładzie W. Ekielskiego i A. Tucha specjalnie dla Muzeum Narodowego w Krakowie.

From the very beginning of his artistic career, alongside his easel paintings Mehoffer was also involved in monumental painting, such as the making of stained-glass windows and mural polychromies, in which he made his début along with Stanisław Wyspiański. This stained-glass was commissioned in 1891 by the architect Tadeusz Stryjeński, for a large window in the façade of St. Mary's Church. The young artists alluded to the style of the 14th-century stained-glass windows preserved in the church's chancel. Their design has several compartments, the main panel showing *The Life of the Virgin Mary*. In 1902–1906 replicas of the 16 central compartments were made in W. Ekielski and A. Tuch's workshop in Cracow for the National Museum in Cracow.

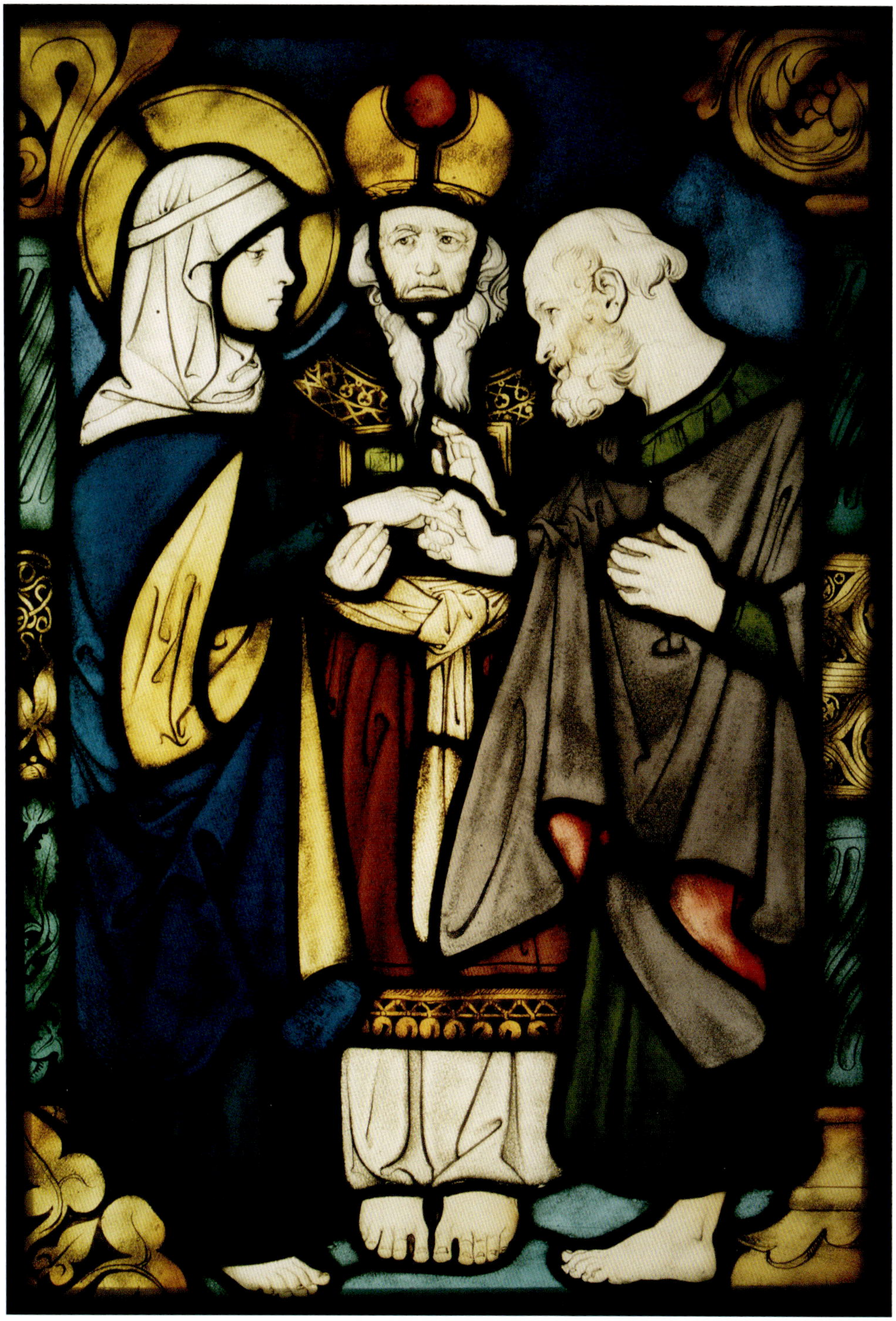

Zaślubiny Marii
replika kwatery witraża ze scenami z życia Marii
projekt 1891,
replika 1902–1906
barwne szkło, ołów
67,0 × 46,6 cm
(w świetle obramienia)

The Marriage of Mary
replica of a compartment from the stained-glass window of episodes from the Life of Mary
design 1891
replica 1902–1906
stained glass and lead
67.0 × 46.6 cm
within frame

MNK IV-Sz-2348/6

Zachowała się informacja, że artyści podzielili się pracą po połowie; kwatery nie są jednak sygnowane. Niektóre z nich emanują liryzmem – i te zwykło się łączyć z Mehofferem, w innych zawarty jest silniejszy ładunek ekspresji – te przypisuje się raczej Wyspiańskiemu. Wyjątek stanowią egzemplarze replik dwu kwater, pochodzących ze zbiorów Ksawerego Pusłowskiego (obecnie w Muzeum Uniwersytetu Jagiellońskiego), z których każda opatrzona jest napisem w szkle, najprawdopodobniej z nazwiskiem jej autora: *Zaślubiny Marii* (identyczna z prezentowaną) – Mehoffera, *Zaśnięcie Marii* zaś – Wyspiańskiego.

The story goes that the artists each did half of the commission, but there are no signatures on individual compartments. Some have a special lyricism about them and are attributed to Mehoffer, while others are marked by a stronger expressiveness and are associated with Wyspiański. There is an exception: copies of two compartments in the Ksawery Pusłowski collection (now in the Jagiellonian University Museum), each with a signature: *The Marriage of Mary* (as above), signed by Mehoffer, and *The Dormition* (signed by Wyspiański), offering a valuable clue to presumable authorships.

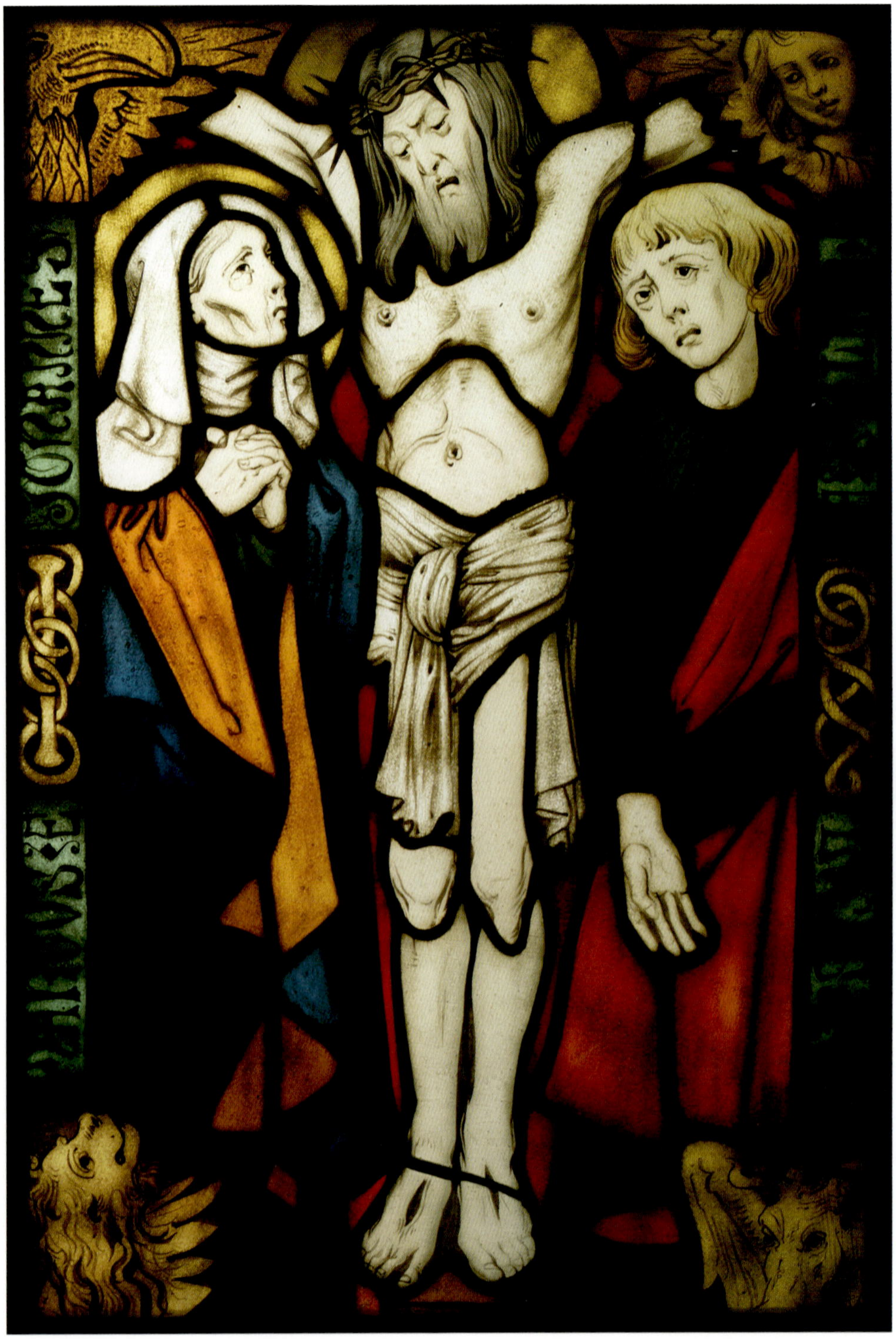

Ukrzyżowanie
replika
kwatery
witraża
ze scenami
z życia Marii
projekt 1891,
replika 1902–1906
barwne szkło, ołów
70,0 × 46,5 cm
(w świetle
obramienia)

The Crucifixion
replica of a
compartment from
the stained-glass
window of episodes
from the Life of Mary
design 1891
replica 1902–1906
stained glass and lead
70.0 × 46.5 cm
(within frame)

MNK IV-Sz-2348/13

Przedstawione w witrażu, nawiązujące do wezwania kościoła, sceny z legendy życia Najświętszej Marii Panny rozwijają się chronologicznie, poczynając od dwóch wydarzeń poprzedzających Jej przyjście na świat – np. radosne spotkanie w Złotej Bramie Anny i Joachima, rodziców Marii (s. 46), poprzez sceny z Jej dzieciństwa i dorastania – *Zaślubiny Marii z Józefem* (s. 47), a następnie m.in. *Zwiastowanie, Boże Narodzenie, Hołd trzech Króli* aż po kulminację z Marią bolejącą w scenach *Ukrzyżowania* i *Zdjęcia z krzyża* (s. 49). Przedstawienia końcowe to *Zesłanie Ducha Świętego* oraz *Zaśnięcie Marii.*

The cycle of scenes from the legend of the life of the Virgin Mary presented in Mehoffer's stained-glass windows is a response to the Church's exhortation and shows the various episodes from Mary's life chronologically. There are two representations of events prior to the Virgin's birth, including the joyous meeting of her parents, Joachim and Anne, at the Golden Gate (p. 46); followed by views from her childhood and adolescence (e.g. *The Marriage of Mary*, p. 47), followed by *The Annunciation*, *The Nativity*, *The Adoration of the Magi*, to the culmination of Mary's story in her suffering in *The Crucifixion* and *Deposition from the Cross* (p. 49). The final scenes are *The Descent of the Holy Ghost* and *The Dormition*

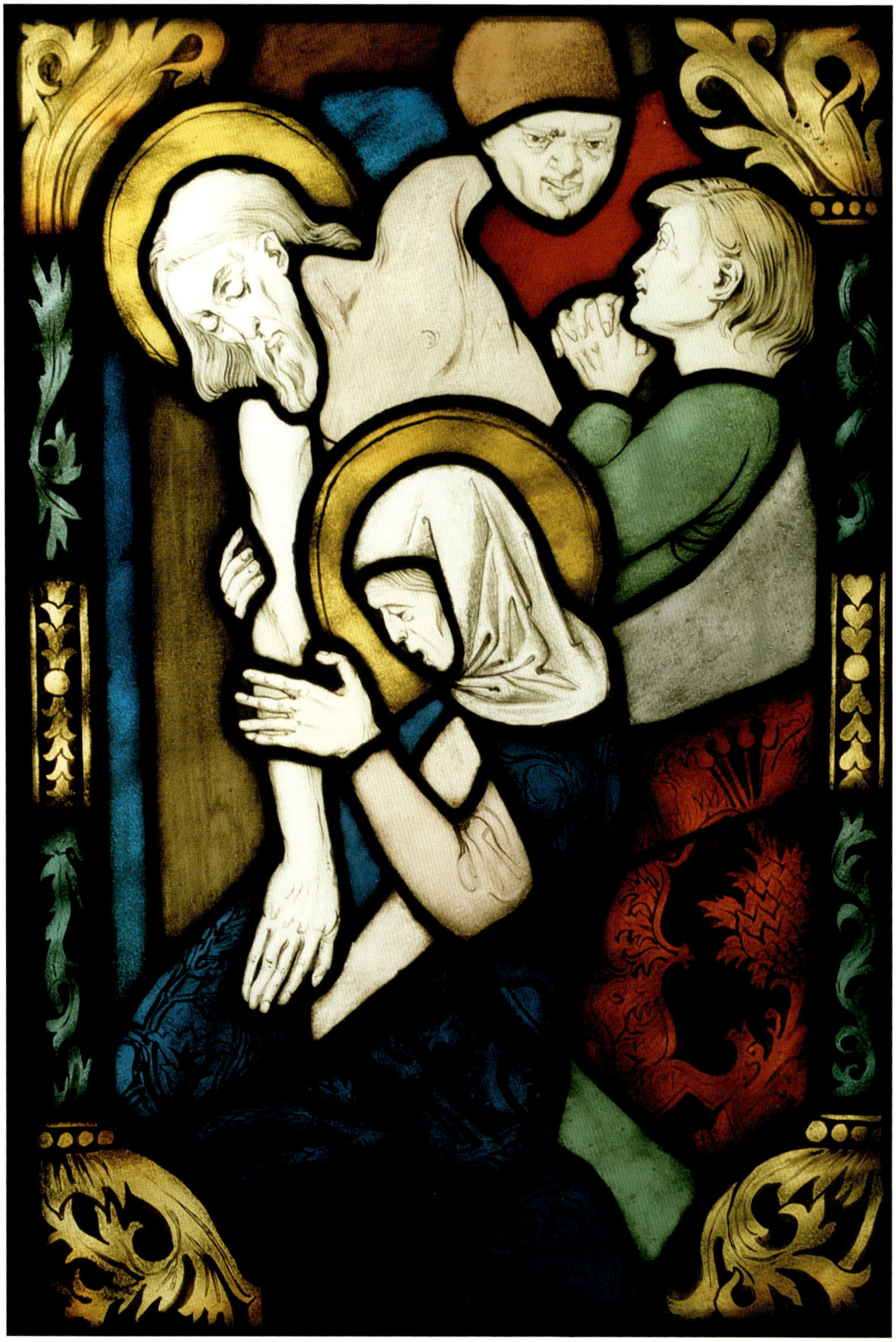

Zdjęcie z krzyża
replika kwatery witraża ze scenami z życia Marii
projekt 1891,
replika 1902–1906
barwne szkło, ołów
67,0 × 46,5 cm
(w świetle obramienia)

The Deposition from the Cross
replica of a compartment from the stained-glass window of episodes from the Life of Mary
design 1891
replica 1902–1906
stained glass and lead
67.0 × 46.5 cm
(within frame)

Ta pełna wyrazu scena przedstawia – w zgodzie z tradycją ikonograficzną tematu – przejmujący moment składania w ramiona Marii bezwładnego ciała Chrystusa zdejmowanego z krzyża przez Józefa z Arymatei i Nikodema. Rodzajem stylizacji nawiązuje do sztuki średniowiecza, co – w różnym stopniu – cechuje także przedstawienia większości pozostałych kwater. Młodzi artyści bowiem – zgodnie z ideą prowadzonej wówczas restauracji kościoła Mariackiego – starali się dostosować swój witraż do stylu gotyckiej architektury.

This expressive scene follows the iconographic tradition and depicts the poignant moment of Jesus' body being removed from the cross and deposited in his mother's arms. The lifeless body is taken down by Joseph of Arimathea and Nicodemus. The style alludes to mediaeval art, a characteristic feature present in most of the other scenes in this cycle. The two young artists engaged on the restoration project for St. Mary's tried to make their work match the church's Gothic architecture as closely as possible.

MNK IV-Sz-2348/14

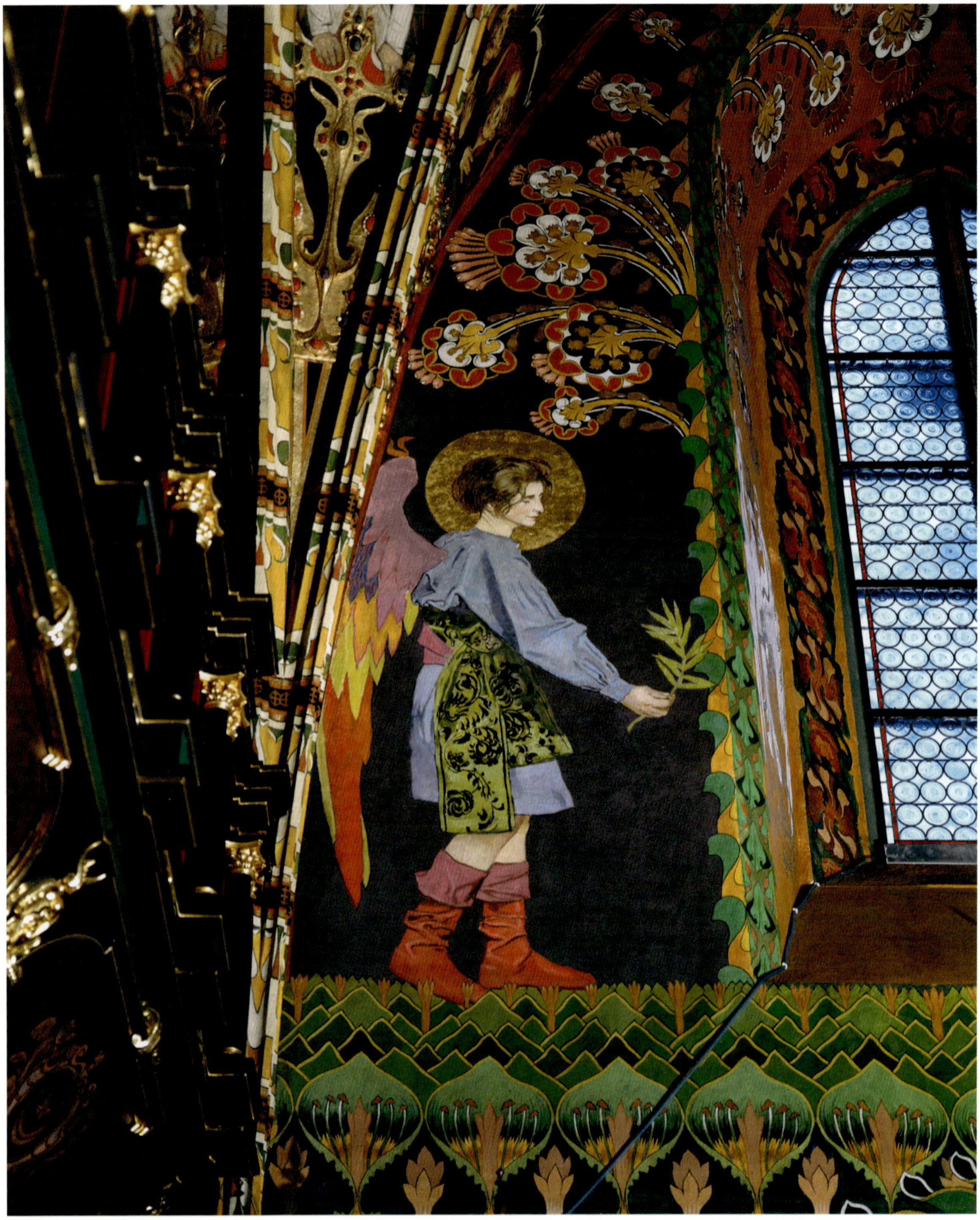

Fragment polichromii północnej ściany skarbca katedry na Wawelu z postacią Archanioła Gabriela – Anioła Pokoju
fotografia

Detail from the north wall of the Wawel Cathedral Treasury polychromy, with the figure of the Archangel Gabriel – the Angel of Peace
photograph

W epoce przełomu XIX i XX wieku Józef Mehoffer opracował koncepcje dekoracji malarskiej, a po części także i witraży, do trzech wielkich katedr: królewskiej na Wawelu, płockiej i ormiańskiej we Lwowie. Nie zostały one jednak zrealizowane. Nie miał też malarz szansy pełnej realizacji niezwykle oryginalnego i bogatego w treści projektu polichromii skarbca katedry na Wawelu z lat 1900–1901. Jakkolwiek niedokończone, jest to jednak wybitne dzieło sztuki dekoracyjnej swego czasu. Na fotografii widać fragment polichromii północnej ściany kaplicy skarbca z przedstawieniem Anioła Pokoju.

At the turn of the centuries Mehoffer designed painted decorations and stained-glass windows for three great cathedrals: Wawel, Płock, and Lwów Armenian Cathedral. But his projects were never implemented. He did not have the opportunity to fully accomplish his highly original and elaborate design for the polychromy of the Treasury of Wawel Cathedral (1900–1901). Though unfinished, it is an outstanding work of the decorative art of its times. This detail is the Angel of Peace, from the polychromy on the Treasury's north wall.

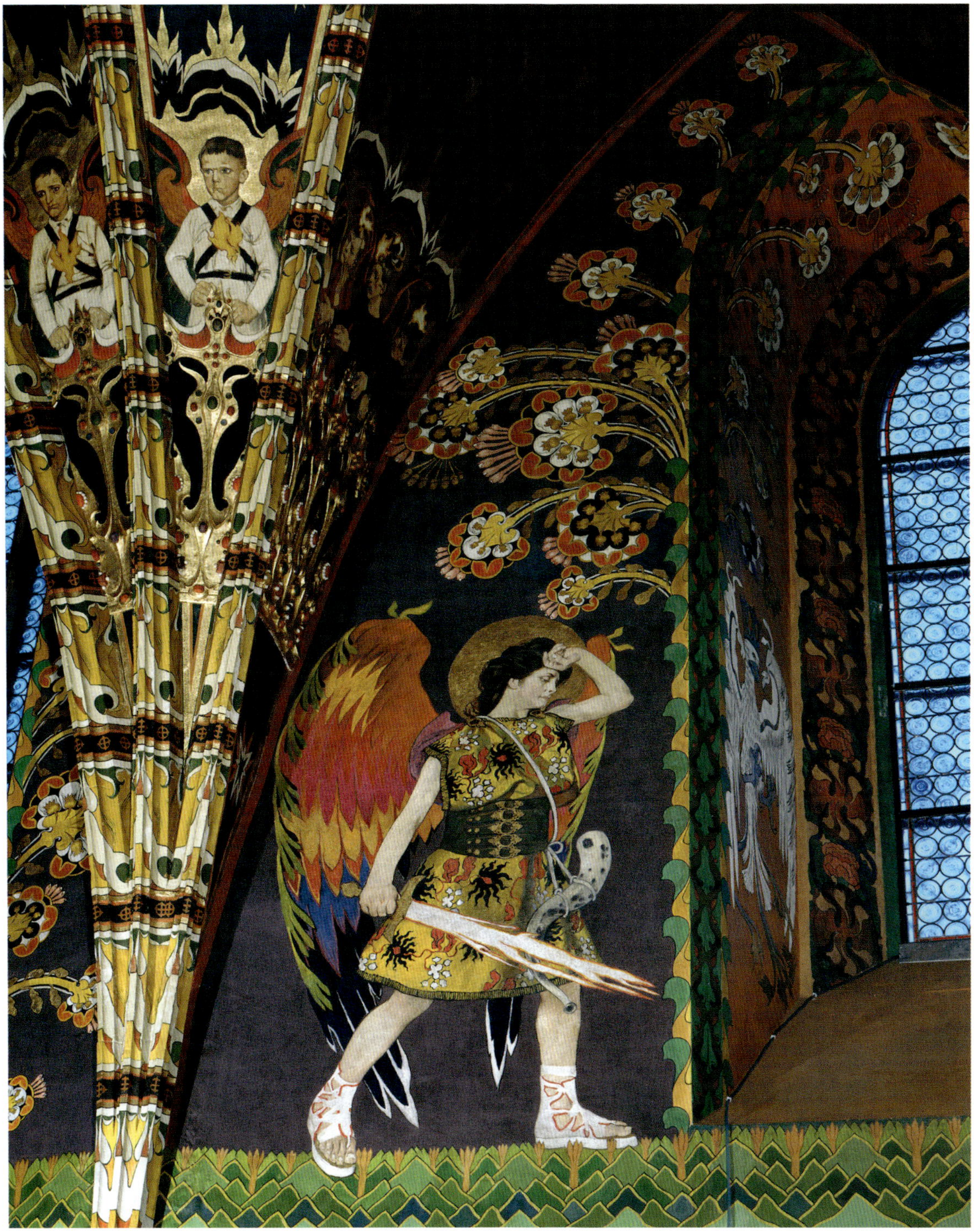

Fragment polichromii północnej ściany skarbca katedry na Wawelu z postacią Archanioła Michała – Anioła Wojny
fotografia

Detail from the north wall of the Wawel Cathedral Treasury polychromy, with the figure of the Archangel Michael – the Angel of War
photograph

Dekorację malarską kaplicy skarbca katedry powierzono Mehofferowi w roku 1900, w związku z prowadzonym wówczas od paru już lat wielkim dziełem restauracji świątyni. Katedra na Wawelu, dawny kościół koronacyjny królów Polski i miejsce ich spoczynku, zyskała w dobie zaborów – również ze względu na pochówki w jej murach wybitnych Polaków – charakter narodowego panteonu. Stała się też symbolem narodowej tożsamości. Treściowy program dekoracji skarbca nasycił malarz ideami religijnymi i patriotycznymi.

In 1900 Mehoffer was asked to decorate the Treasury chapel, as part of the restoration of Wawel Cathedral, which had been going on for several years. For over a century of Poland's loss of independence Wawel Cathedral, the coronation church and burial place of the country's kings and queens and most distinguished persons, assumed the status of the national pantheon, a symbol of national identity. Mehoffer suffused the Treasury decoration with a wealth of patriotic and religious concepts.

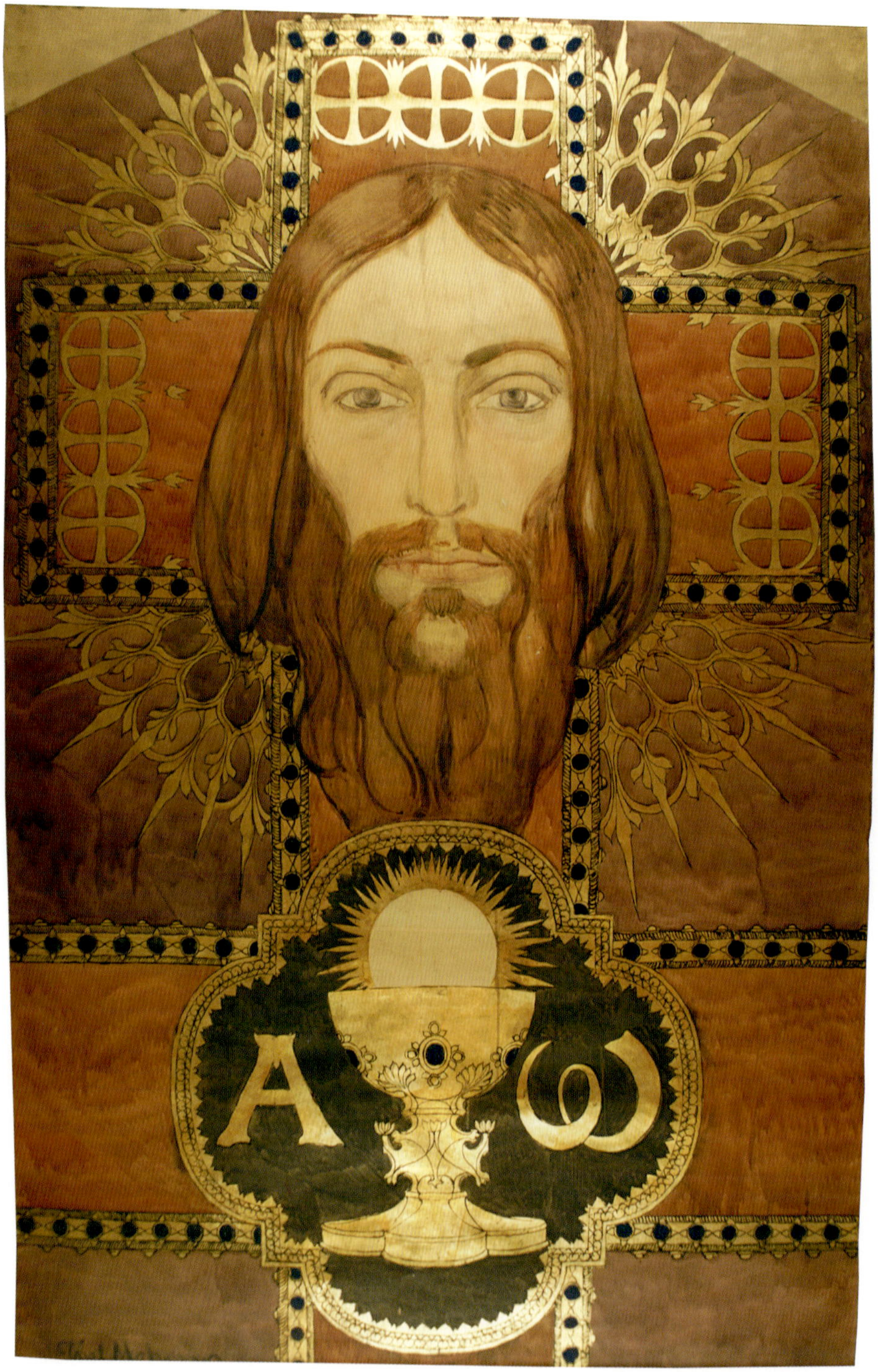

Głowa Chrystusa
1901
projekt polichromii skarbca katedry na Wawelu
akwarela i pozłota, karton
345,0 × 199,0 cm

Własność rodziny artysty

Head of Jesus
1901
polychromy design for Wawel Cathedral Treasury
watercolours and gold leaf on cardboard
345.0 × 199.0 cm

The artist's family collection

Program treściowy dekoracji skarbca katedry na Wawelu malarz powiązał z ideą tej świątyni jako sanktuarium narodu i z zachowanymi w niej pamiątkami przeszłości (takimi jak Szczerbiec, czy tzw. krucyfiks królowej Jadwigi). Niezrealizowane sceny na ścianie bocznej miały przedstawiać Bolesława Chrobrego w Złotej Bramie Kijowa, Kazimierza Wielkiego oraz królową Jadwigę. Nad ołtarzem malarz zaplanował scenę modlitwy całego rycerstwa polskiego do Bogurodzicy. Prezentowany tu w formie projektu symbolizujący Eucharystię motyw głowy Chrystusa na tle krzyża, zrealizowano na ścianie naprzeciwko ołtarza.

Mehoffer put religious and patriotic subjects into the decoration of the Treasury of Wawel Cathedral. The designs he made for a side wall but never painted were of King Boleslaus the Brave in Kiev, King Casimir the Great, and Queen Jadwiga. The choice of these figures was connected with the precious relics kept in the Treasury, such as the Jagged Coronation Sword. Over the altar he was planning to paint a scene of all the knights of Poland praying to the Virgin. This cartoon shows Jesus' head on the cross, a symbol of the Eucharist. The design was applied to the wall opposite the altar.

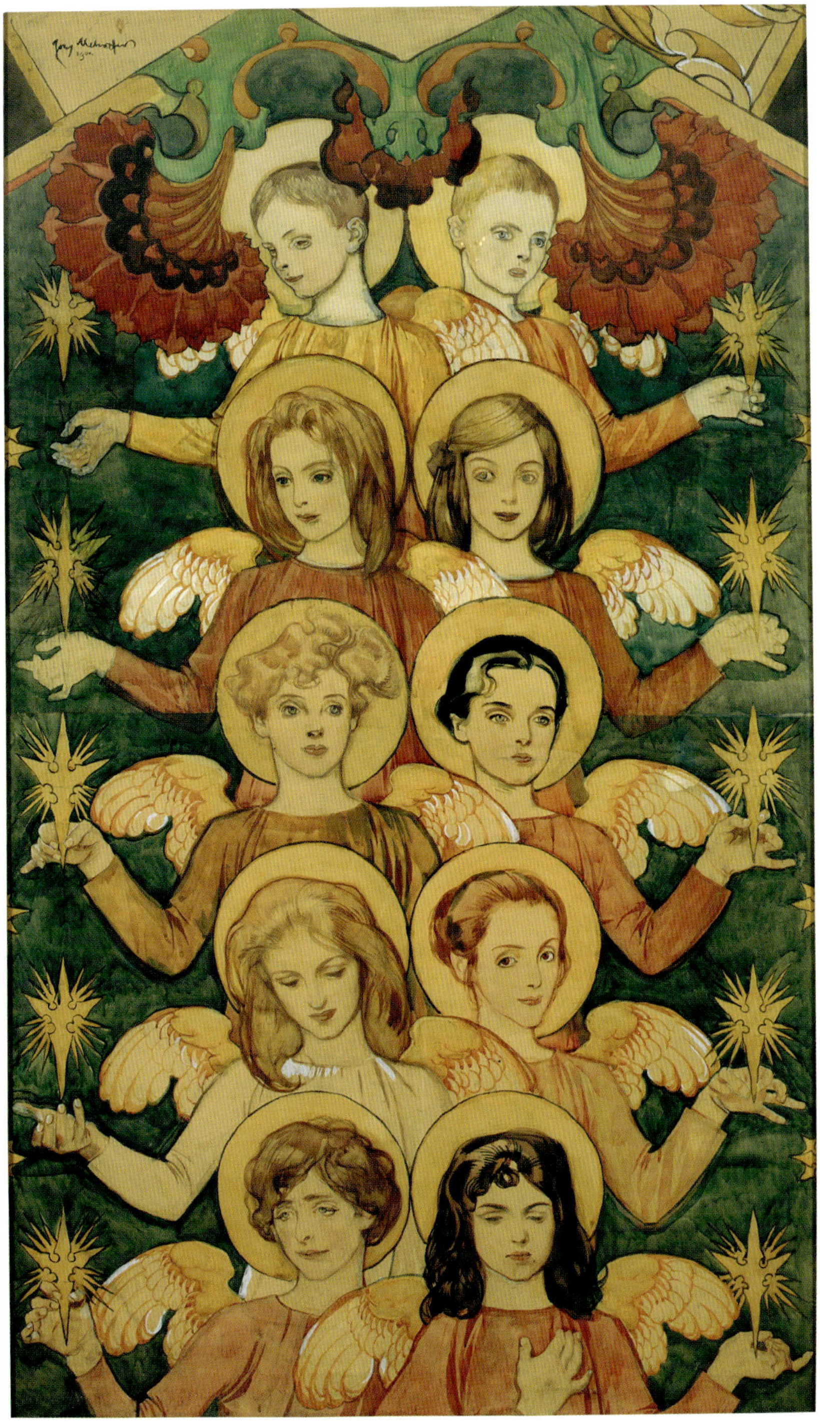

Anioły z gwiazdami
(Fryz anielskich główek)
1901
karton do polichromii skarbca katedry na Wawelu
akwarela, papier naklejony na płótno
203,0 × 119,0 cm

The Angels and Stars
(frieze of angel heads)
1901
cartoon for Wawel Cathedral Treasury polychromy
watercolours on paper on canvas
203.0 × 119.0 cm

Jest to powtarzalny motyw do biegnącego środkiem sklepienia kaplicy fryzu, przedstawiającego ujęte w popiersiach anioły o zindywidualizowanych rysach dziecięcych i młodzieńczych, sypiące po niebie promieniste gwiazdy. Polichromia Mehoffera szczelnie pokrywa ściany, glify okienne oraz sklepienie. Puste jednak pozostają pola, które malarz przewidział na główne kompozycje figuralne. Prace w skarbcu przerwano z powodu zanegowania przez konserwatora zabytków Galicji Zachodniej idei wprowadzania nowej sztuki w obręb zabytkowej budowli.

This is a repetitive motif for the frieze running along the middle of the chapel's ceiling vault, of a double row of bust-length angels with individualised children's or youthful faces, strewing stars across the heavens. Mehoffer's polychromy covers the entire ceiling and walls down to the window. But the area he envisaged for the principal figures has remained empty. Work stopped when the conservation officer for Western Galicia queried the idea of applying contemporary art to a historic building.

MNK III-r.a.-152 259

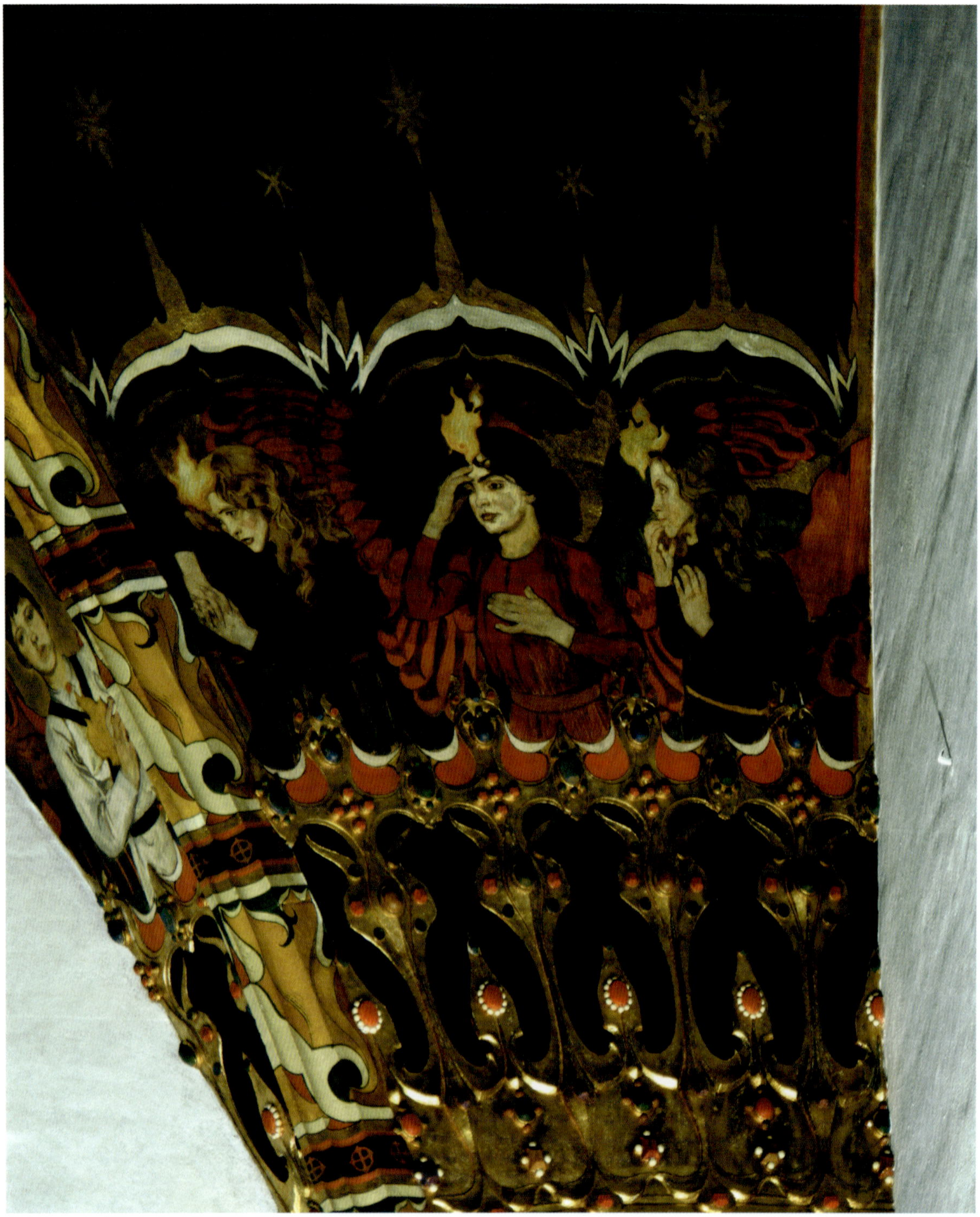

Fragment polichromii sklepienia skarbca katedry na Wawelu z postaciami Geniuszy
fotografia

Detail from the ceiling of the Wawel Cathedral Treasury polychromy, with Genius figures
photograph

U nasady żeber sklepiennych Mehoffer umieścił wielkie, strzeliste w formie, złocone korony ze stiuku. Wyłaniają się z nich pełne ekspresji, uskrzydlone postacie młodzieńców i dziewcząt, mężczyzn w sile wieku oraz starców, niektóre o rysach wybitnych Polaków. Są to wyobrażenia alegoryczne – „geniusze narodowe", jak je określił sam malarz. Dramatyczne doznania, czytelne w ich mimice i gestach – często o Matejkowskim patosie – odnoszą się do dziejów narodu. Całość charakteryzuje się bogatą, wyszukaną kolorystyką.

At the base of the ribs of the vaulting Mehoffer put huge pointed crowns in gilt stucco with expressive, winged figures of young men and women, men in their prime and old men, some with the features of well-known Polish personalities, emerging from them. They are allegories, "the nation's genii," as the artist described them. The dramatic experiences visible in their mimicry and gestures, often with a Matejko-like pathos, refer to Poland's history. The whole composition is marked by a rich, refined colour-scheme.

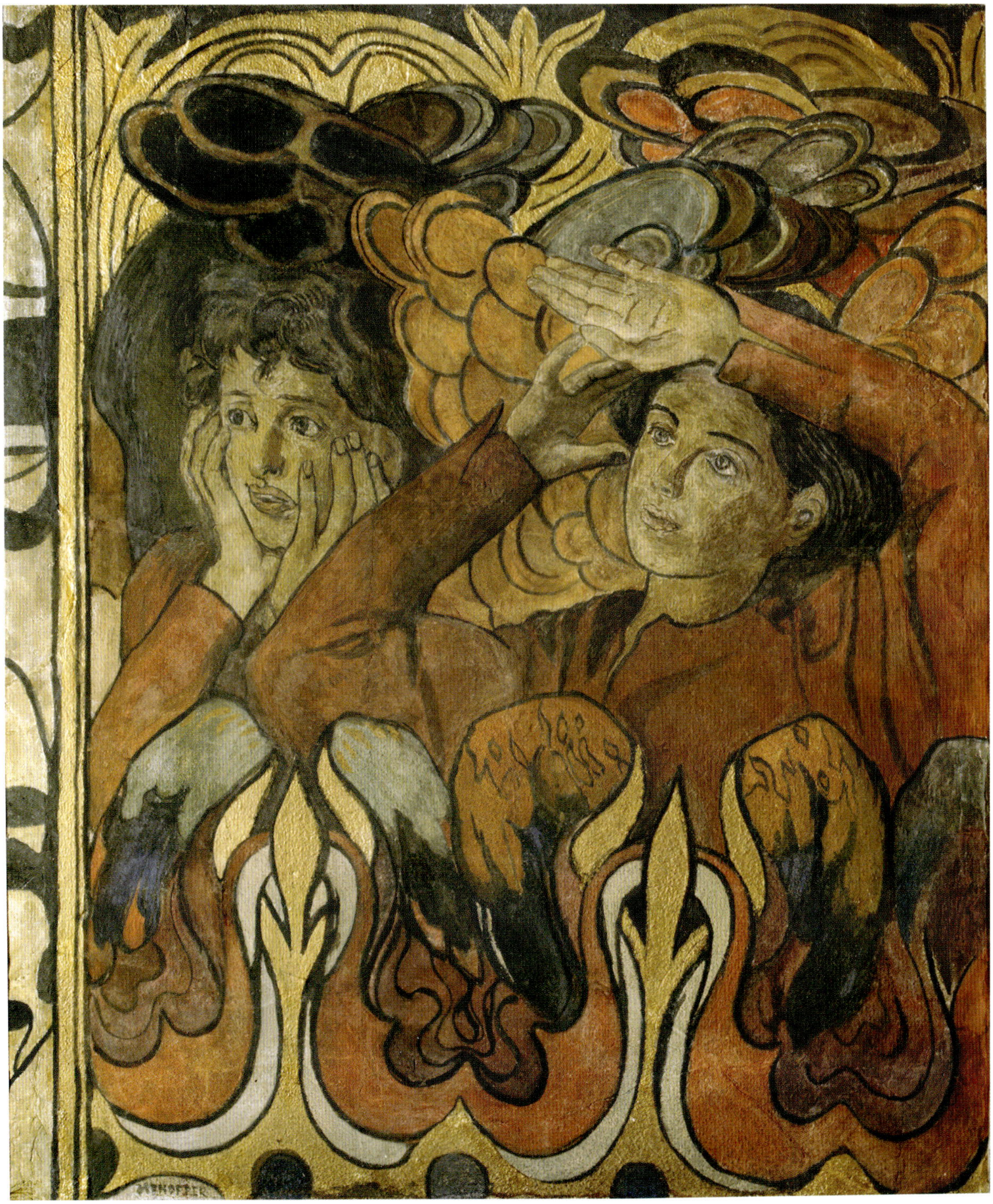

Zachwycone anioły
1901
niezrealizowany projekt fragmentu polichromii skarbca katedry na Wawelu
tempera, kazeina, tynk
95,0 × 82,0 cm

Fascinated Angels
1901
discarded cartoon for Wawel Cathedral Treasury polychromy
tempera, casein, plaster
95.0 × 82.0 cm

To próbne malowidło na panelu z tynku przedstawia pierwotny, niewykorzystany w skarbcu projekt figur do stiukowych koron na sklepieniu. Malarz odstąpił od przedstawienia w tych miejscach aniołów, gdyż doszedł do przekonania, że – jak o tym pisał w liście do żony – „Anioły nie mają sensu, bo one jako duchy wyższe nie mogą przeżywać tych uczuć, jakie w ludziach się budzą po ciężkich doświadczeniach, a tam właśnie te uczucia miały być główną rzeczą".

A trial painting on a plaster panel showing a preliminary design, not used in the Treasury, for the figures in the stucco crowns along the ceiling vault. Mehoffer dropped the idea of painting angels there since, as he wrote to his wife, "There's no point in having angels here, since as spiritual beings they do not experience the feelings engendered in humans by hardship, and such feelings should be the main idea here."

MNK ND 7783

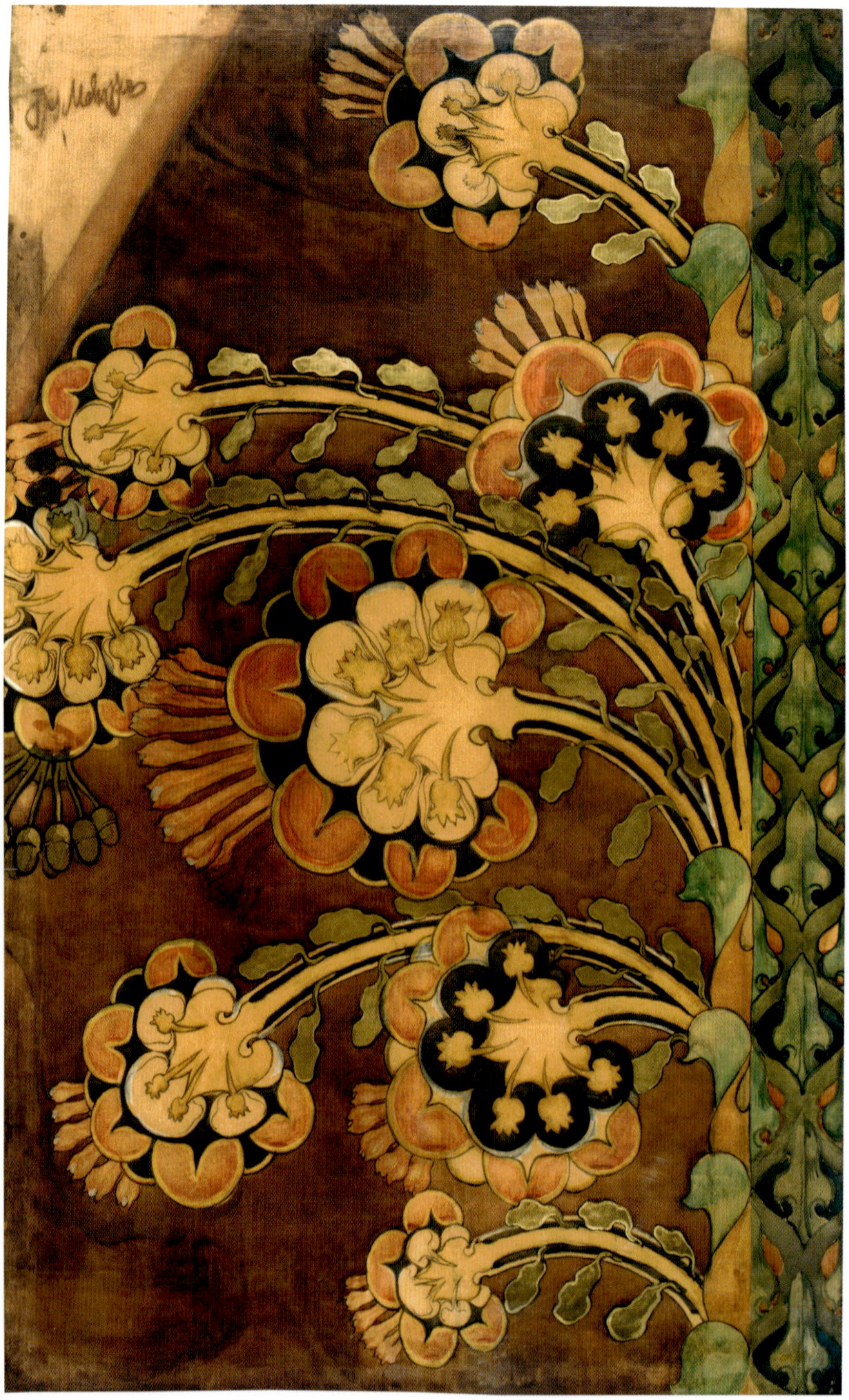

Kwiaty
1901
karton do polichromii skarbca katedry na Wawelu
akwarela, papier naklejony na płótno
220,0 × 140,0 cm

Flowers
1901
cartoon for Wawel Cathedral Treasury polychromy
watercolours on paper on canvas
220.0 × 140.0 cm

Wielokrotnie powtórzony motyw gałązki czysto ornamentalnych kwiatów, pełnych jednak życia i wewnętrznej dynamiki, zdobi północną ścianę kaplicy (zob. s. 50 i 51). Dekoracyjny efekt jego form i – zachowanych w polichromii – żywych barw przywodzi na myśl zdobnictwo ludowe – zwłaszcza hafty. Mehoffer – zgodnie z tendencjami epoki – chętnie sięgał do rodzimego folkloru w poszukiwaniu nowych wzorów.

A frequently used motif of a branch with purely ornamental flowers, but vivid and full of an inner vigour, decorates the chapel's north wall (see p. 50 and 51). The decorative effect of its shapes and bright colours is reminiscent of folk motifs, especially embroidery. In line with contemporary trends, Mehoffer often turned to his native folklore for new patterns which he would put into his stained-glass designs.

MNK ND 8562

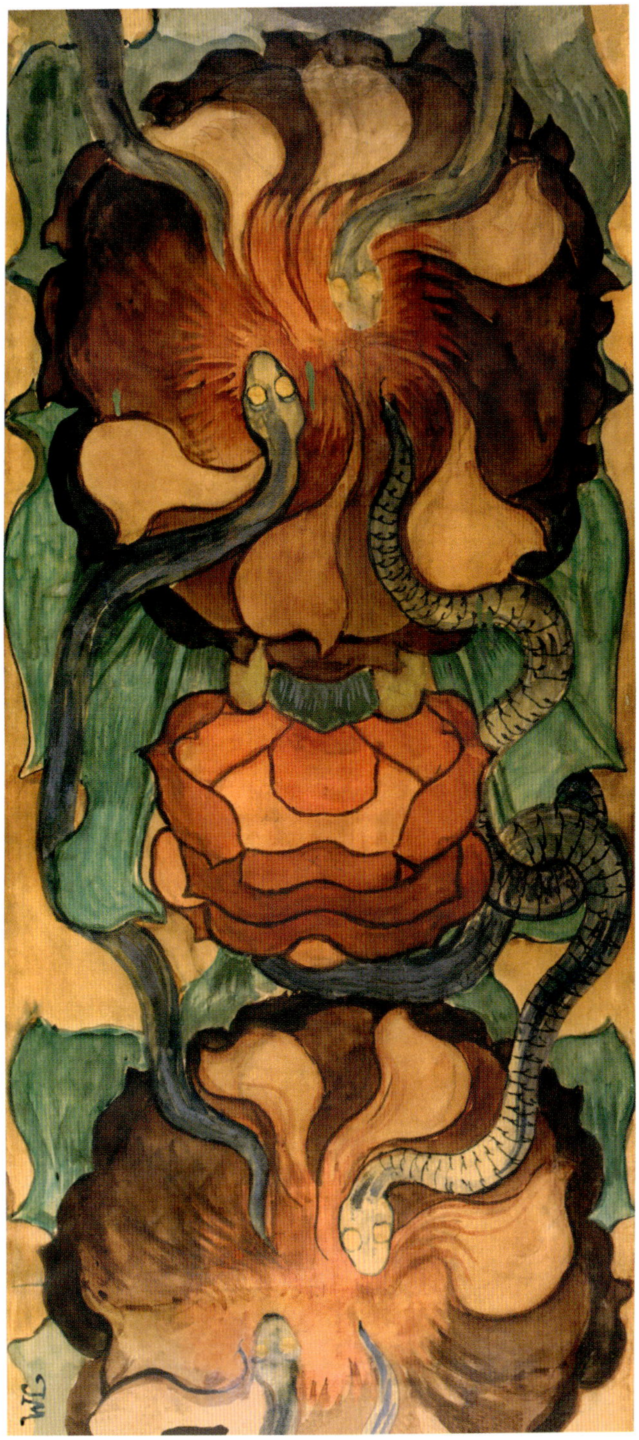

Węże wśród róż
1901
karton do polichromii skarbca katedry na Wawelu
akwarela, papier naklejony na płótno
46,0 × 100,0 cm

Serpents amid Roses
1901
cartoon for Wawel Cathedral Treasury polychromy
watercolours on paper on canvas
46.0 × 100.0 cm

Węże i czerwone kwiaty róż tworzą tu oryginalny ornament o mniej więcej symetrycznym układzie i płynnych, falistych liniach. Ten floralno-zoomorficzny motyw bardzo wyraźnie wpisuje się w klimat secesji, podobnie jak i związana z nim sfera symboliki. Malarz zastosował go w glifach okiennych w skarbcu (zob. s. 50 i 51).

Serpents amid red roses make up an original, more or less symmetrically arranged ornament, with flowing, wavy lines. This floral and zoomorphic motif, like the symbolism associated with it, fits very nicely into the climate of the Secession. Mehoffer used it for the Treasury windows (see p. 50 and 51).

MNK ND 8572

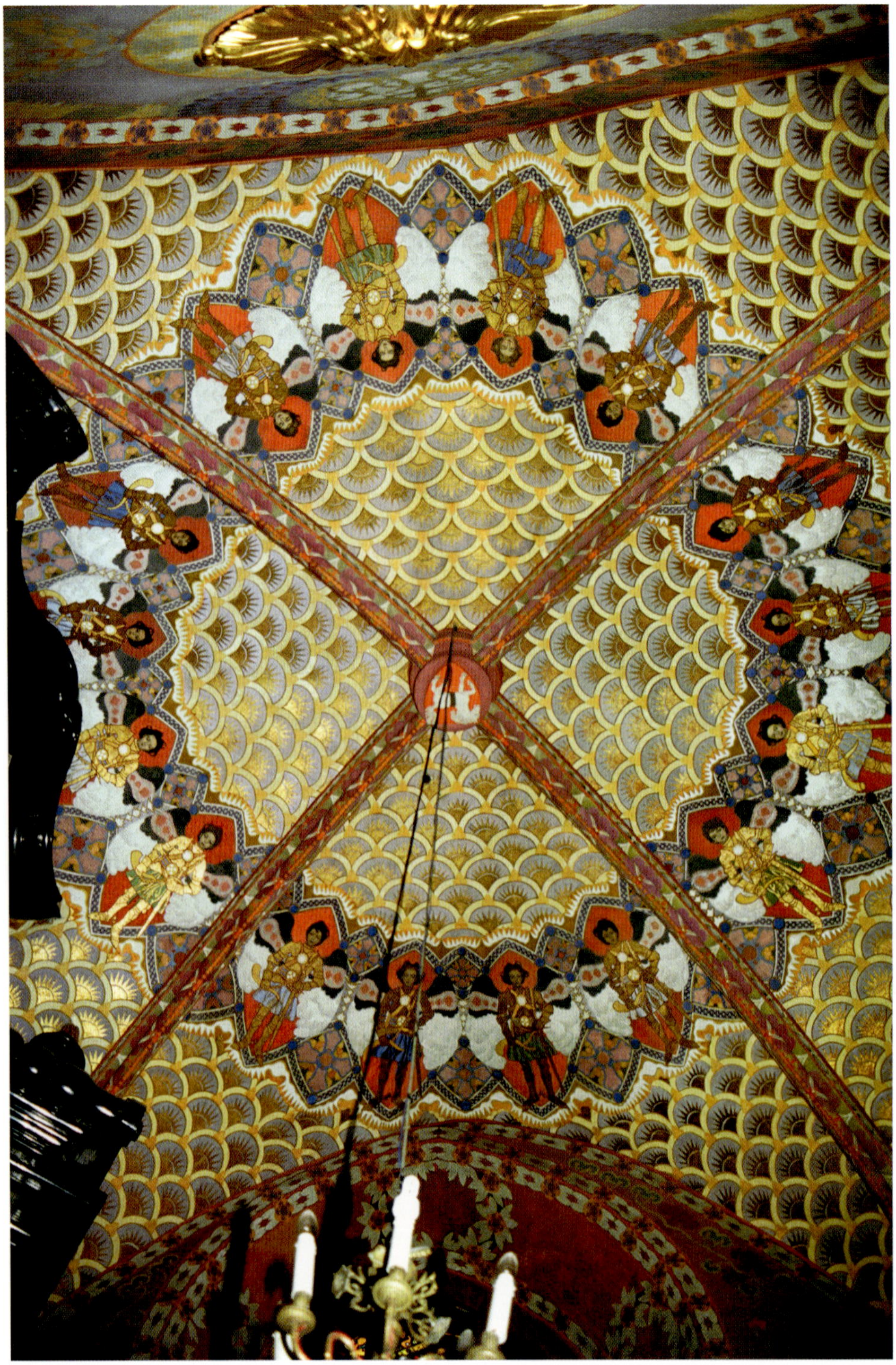

Polichromia sklepienia kaplicy Szafrańców w katedrze na Wawelu
fotografia

Ceiling polychromy in the Szafraniec Chapel, Wawel Cathedral
photograph

Kaplicę Szafrańców, usytuowaną przy południowej nawie świątyni, zdobi dekoracja autorstwa Mehoffera z lat 1906–1908 (polichromia oraz witraż), charakteryzująca się lekkością na wpół abstrakcyjnych form i wyrafinowaniem barw. Uwagę zwraca umieszczony na sklepieniu krąg ornamentalnie ujętych, młodzieńczych zbrojnych aniołów, bardzo młodopolski w wyrazie. Fundatorami odnowienia kaplicy byli Radziwiłłowie, toteż witraż poświęcono Matce Boskiej Ostrobramskiej.

In 1906–1908 Mehoffer decorated the Szafraniec Chapel, in the south nave of Wawel Cathedral, with a polychromy and stained-glass window. The half-abstract shapes have a characteristic lightness and sophisticated colour-scheme, with a stunning ring of armed, youthful angels on the top of the ceiling vault – a typically Młoda Polska feature. The chapel's restoration was a foundation of the Radziwiłł aristocratic family of Lithuanian origin, hence the stained-glass window depicts the Vilnian icon, Our Lady of Ostra Brama.

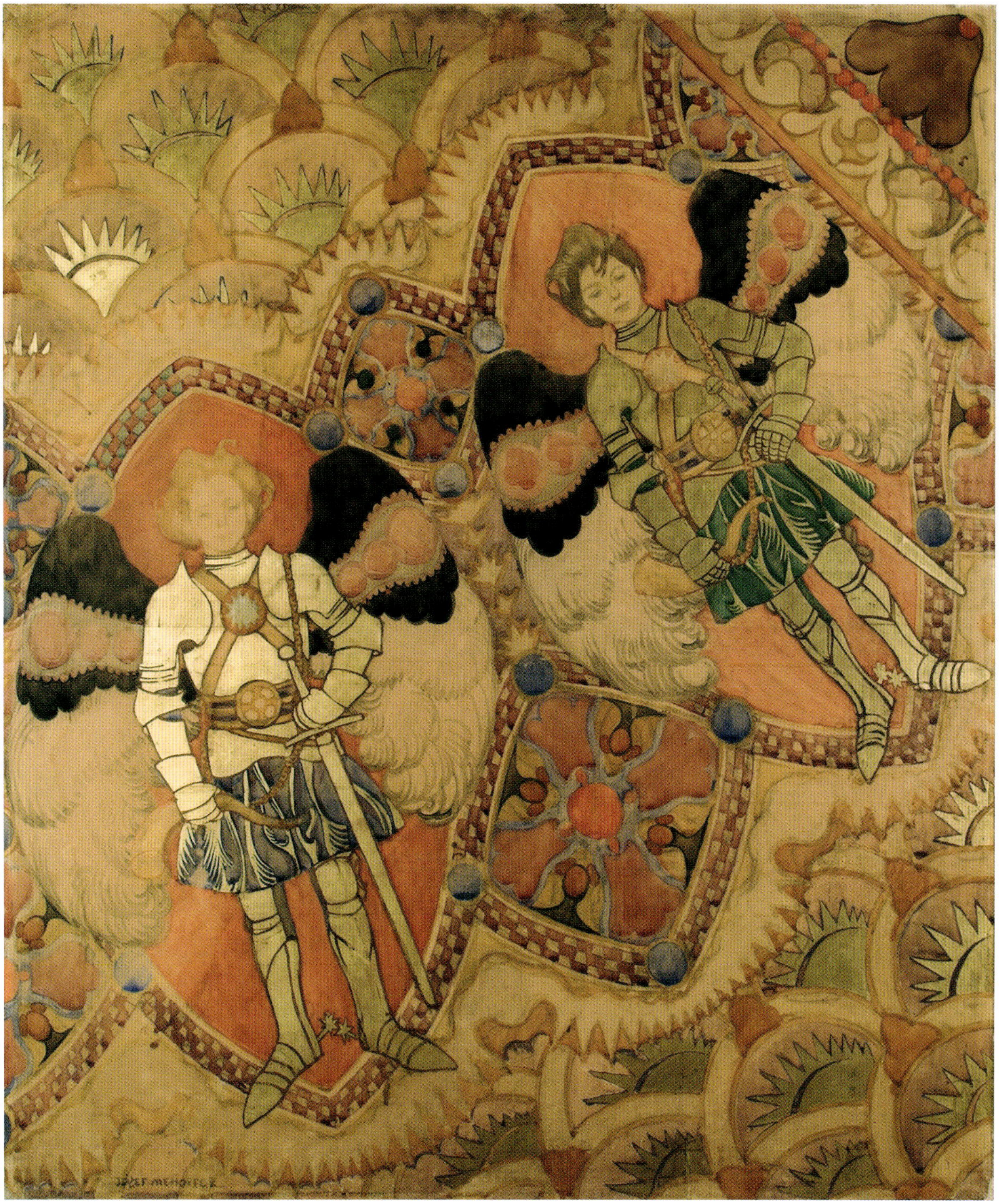

Zbrojne Anioły
1906
karton do polichromii kaplicy Szafrańców
akwarela, papier naklejony na płótno
154,0 × 130,0 cm

Armed Angels
1906
cartoon for the Szafraniec Chapel polychromy
watercolours on paper on canvas
154.0 × 130.0 cm

Postacie aniołów często występują w twórczości Mehoffera i zawsze są to przedstawienia oryginalne i pełne świeżości, pomimo że stanowią oczywistą kontynuację tego motywu w sztuce dawnej. Tak też jest w wypadku zbrojnych aniołów, od stuleci mających swe miejsce w teologii i kulcie religijnym oraz w europejskiej tradycji artystycznej. Prezentowany tu karton to powtarzalny fragment dekoracji malarskiej wawelskiej kaplicy Szafrańców, tworzący na jej sklepieniu ułożony w okrąg anielski hufiec (zob. s. 58).

Angels have a perennial presence in the work of Mehoffer. His angel figures are always original, despite the fact that they patently continue in the tradition of this motif in the art of bygone ages. This also holds true for his angels in armour. For centuries these militant spirits have enjoyed a place in theology and religious worship, as well as in the European artistic tradition. This cartoon presents one of his repetitive decorative motifs for the mural of the Szafraniec Chapel in Wawel Cathedral, where they make up an entire company of the heavenly host arranged in a circle around the ceiling (see p. 58).

MNK ND 5747

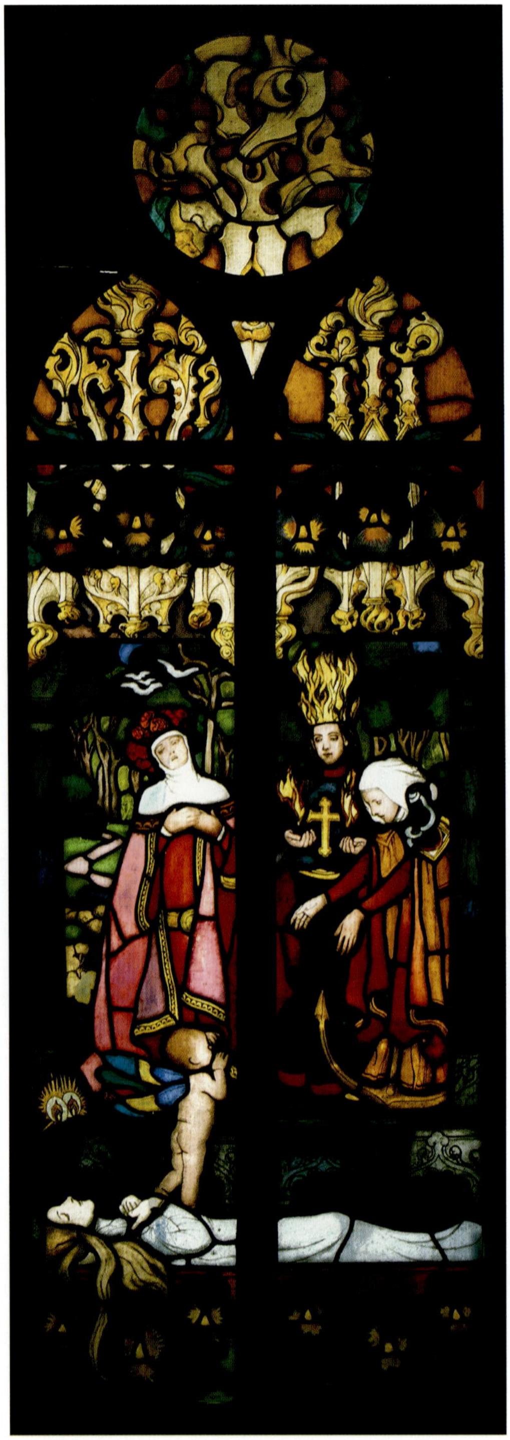

Wiara, Nadzieja, Miłość
1901
replika witraża
z kaplicy grobowej
Grauerów w Opawie
szkło barwne, ołów
180,0 × 60,0 cm

Faith, Hope, and Charity
1901
replica of stained-glass window, Grauer Burial Chapel, Opawa
stained glass and lead
180.0 × 60.0 cm

MNK ND 7780

Do kaplicy rodziny Grauerów na cmentarzu w Opawie Józef Mehoffer zaprojektował w roku 1901 zespół witraży, związanych tematycznie z motywem śmierci i życia wiecznego. Utrzymane są one w stylistyce secesji, ale nawiązują też do neogotyckiej architektury kaplicy (np. ornamenty w formie secesyjnie przestylizowanych gotyckich detali architektonicznych). Prezentowany witraż przedstawia leżącą na marach młodą kobietę, której dusza – w postaci małego dziecka ze skrzydełkami ważki – podąża w stronę bramy raju, gdzie oczekują na nią kobiety personifikujące trzy cnoty teologiczne: Wiarę, Nadzieję i Miłość.

In 1901 Mehoffer designed a set of stained-glass windows on the subject of death and eternal life for the Grauer family chapel in the graveyard at Opawa. They are in a Secession style, but some of the details, especially the ornamental features, allude to the chapel's Neo-Gothic architecture. This window presents a young woman on a bier whose soul, in the form of a baby with dragon fly wings, is flying up to the gates of heaven, where it is awaited by female personifications of the three theological virtues, Faith, Hope, and Charity.

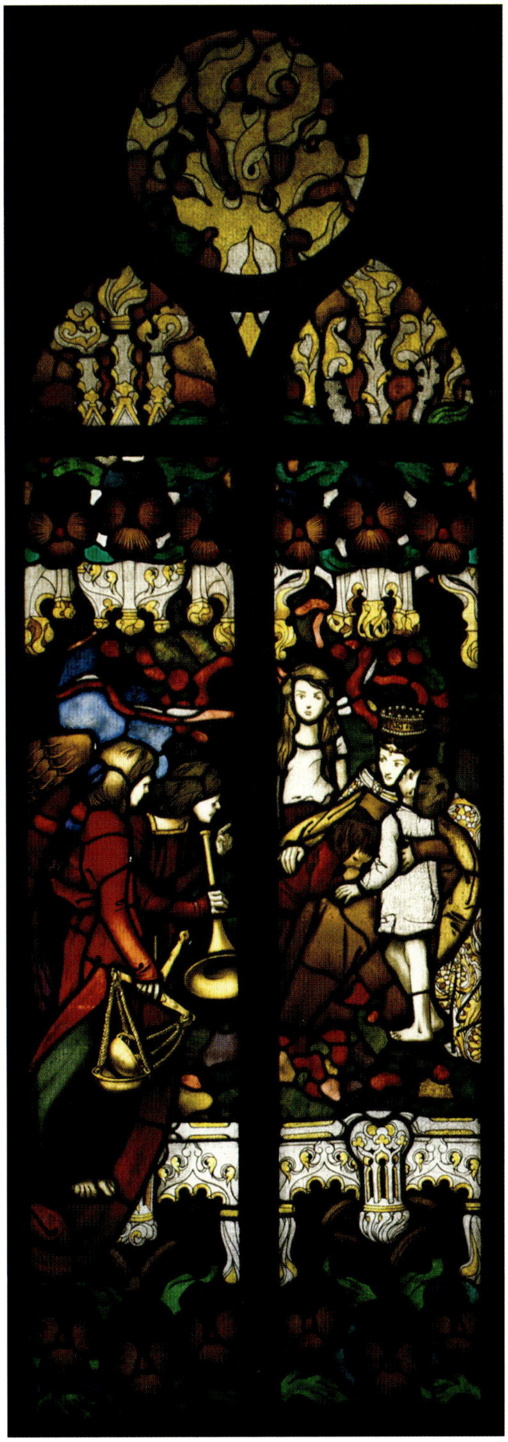

Caritas
1901
replika witraża
z kaplicy grobowej
Grauerów w Opawie
szkło barwne, ołów
180,0 × 60,0 cm

Caritas
1901
replica of stained-glass window, Grauer Burial Chapel, Opawa
stained glass and lead
180.0 × 60.0 cm

Na tym witrażu naczelna z chrześcijańskich cnót, Caritas – Misericordia występuje w królewskim stroju, w otoczeniu dzieci, co odpowiada wielowiekowej tradycji ikonograficznej wyobrażania tego pojęcia. Tutaj daje świadectwo zasługom powstałej na Sąd Ostateczny zmarłej dziewczyny. Aniołowie składają jej pokłon. We wszystkich czterech dolnych oknach kaplicy sceny figuralne o rozbudowanej narracji ujęte są w poziome pasma wyolbrzymionych bratków. Kwiaty te, niepozbawione zresztą znaczeń symbolicznych, stanowią mocny akcent dekoracyjny, stwarzając jednocześnie mistyczny nastrój.

In this stained-glass window, Caritas-Misericordia (Merciful Love), the principal Christian virtue, appears in royal attire surrounded by children, in keeping with the age-old iconography for this figure. She is a witness at the deceased girl's Last Judgement. The angels salute her. In all of the chapel's four lower windows the figural scenes, which present a rich subject-matter, are bordered by a horizontal row of giant pansies, flowers with a symbolic meaning and a distinctive decorative feature, giving the composition an air of mysticism.

MNK ND 7781

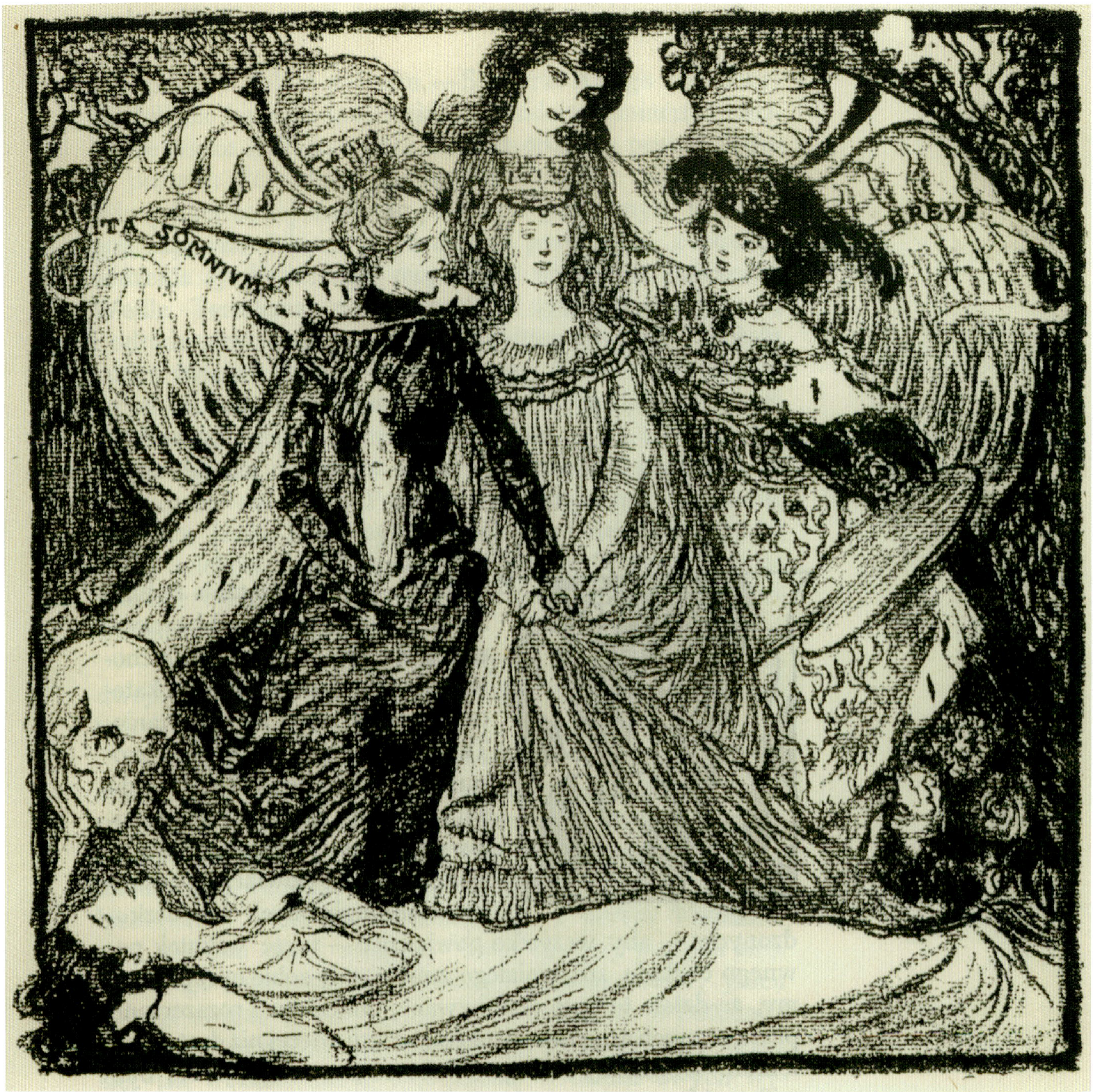

Vita somnium breve
1902
rysunek, oryginał niezachowany reprodukowany w: „Chimera", sierpień 1902, t. 5, z. 14, s. 245 i okładka

Vita Somnium Breve
1902
drawing, original not extant, reproduced in *Chimera*, August 1902, Vol. 5, fasc. 14, p. 245 and cover

Rysunek ten powstał w 1902 roku, w związku z konkursem na ekslibris dla Muzeum Narodowego w Krakowie. Przedstawia personifikacje Rzeźby, Architektury i Malarstwa pod skrzydłami Geniusza z wstęgą ozdobioną napisem *Vita somnium breve* (Życie snem krótkim); poniżej zaś widać kościotrupa nad zwłokami dziewczyny. Kompozycja wyraża, mówiąc najogólniej, ideę nieśmiertelności sztuki oraz refleksję nad przemijaniem życia. Rysunek Mehoffera, który nie zwyciężył w konkursie, ozdobił jeden z zeszytów „Chimery", by następnie zyskać rozwinięcie w znanej kompozycji witrażowej.

This drawing was made in 1902 for the National Museum in Cracow for the Exlibis bookplate competition. It shows the personifications of Sculpture, Architecture, and Painting, under the wings of an ancient Genius with a banner inscribed *Vita somnium breve* (Life is but a short dream). Below there is a skeleton over the corpse of a girl. The composition shows the transience of life and the immortality of art. The winner of the competition was Jan Bukowski, but Mehoffer's design appeared in one of the editions of *Chimera*, and was later developed into the well-known stained-glass composition.

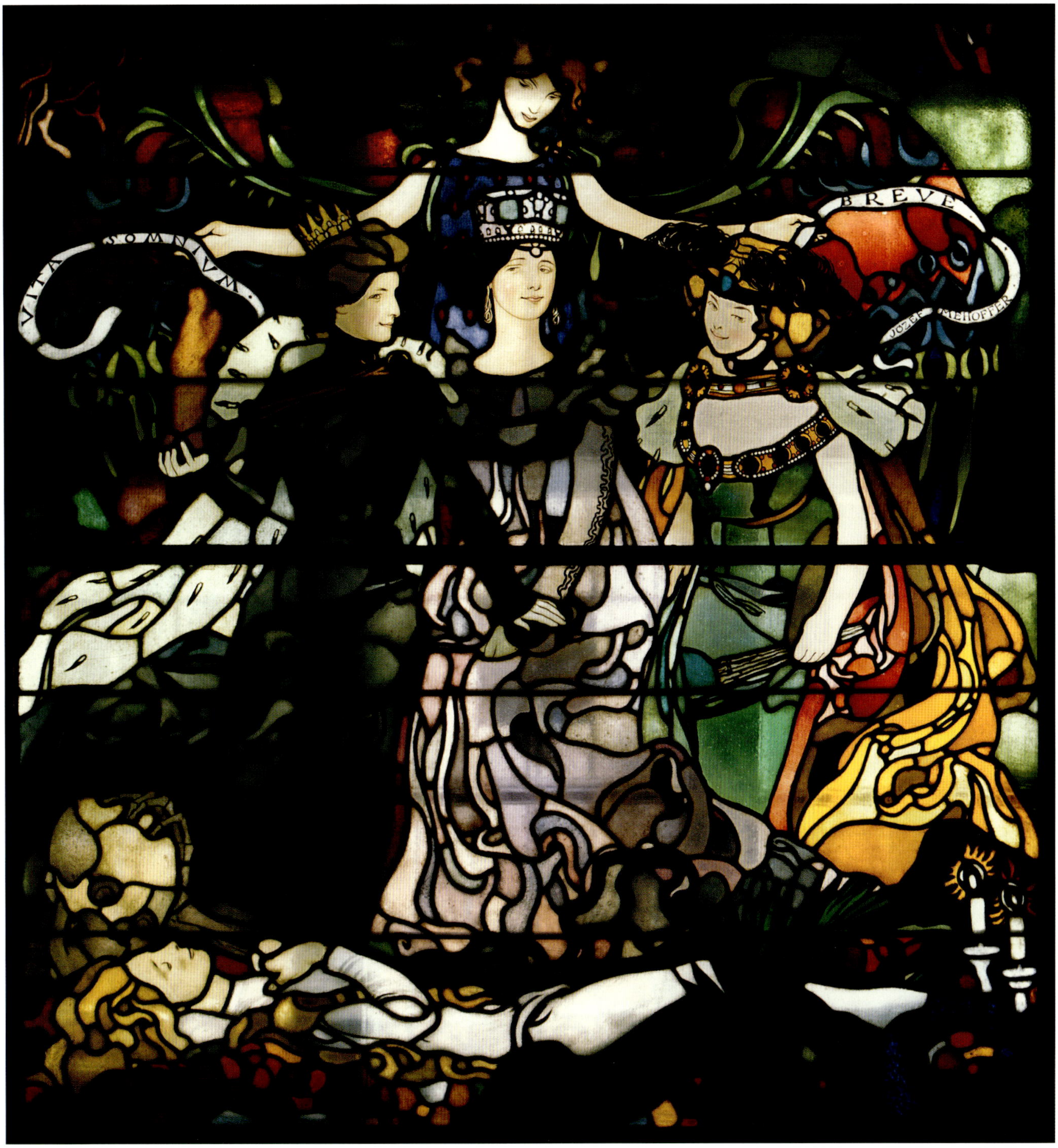

Vita somnium breve
1904
witraż
szkło barwne, ołów
153,0 × 143,0 cm

MNK ND 7782

Vita Somnium Breve
1904
stained-glass window
stained glass and lead
153.0 × 143.0 cm

Na światowej wystawie w Saint Louis w 1904 roku, zorganizowanej dla uczczenia setnej rocznicy przyłączenia Luizjany do Stanów Zjednoczonych, witraż ten zdobył srebrny medal. Nawiązuje do wielowiekowej tradycji obrazowania alegorycznego, sytuując się zarazem – już chociażby poprzez oczywiste odwołanie do obrazu *Vita somnium breve* pędzla szwajcarskiego symbolisty Arnolda Böcklina – w ówczesnym nurcie symbolizmu. Uwagę zwraca mistrzowskie wykorzystanie przez artystę walorów barwnego witrażowego szkła oraz rysunkowych wartości duktu ołowianych spoin, zinterpretowanych w stylu secesji.

This stained-glass window was awarded the silver medal at the 1904 St. Louis Exhibition, held to mark the centenary of Louisiana's accession to the United States. It follows the age-old tradition of allegorical representation but, with its patent reference to the Swiss Symbolist Arnold Böcklin's painting *Vita Somnium Breve*, is lodged in the contemporary Symbolist movement. This work is noteworthy for the masterly application of the qualities of coloured stained glass and the drawing-like attributes of the lead, used in a Secessionist style as an integral component of the colour design.

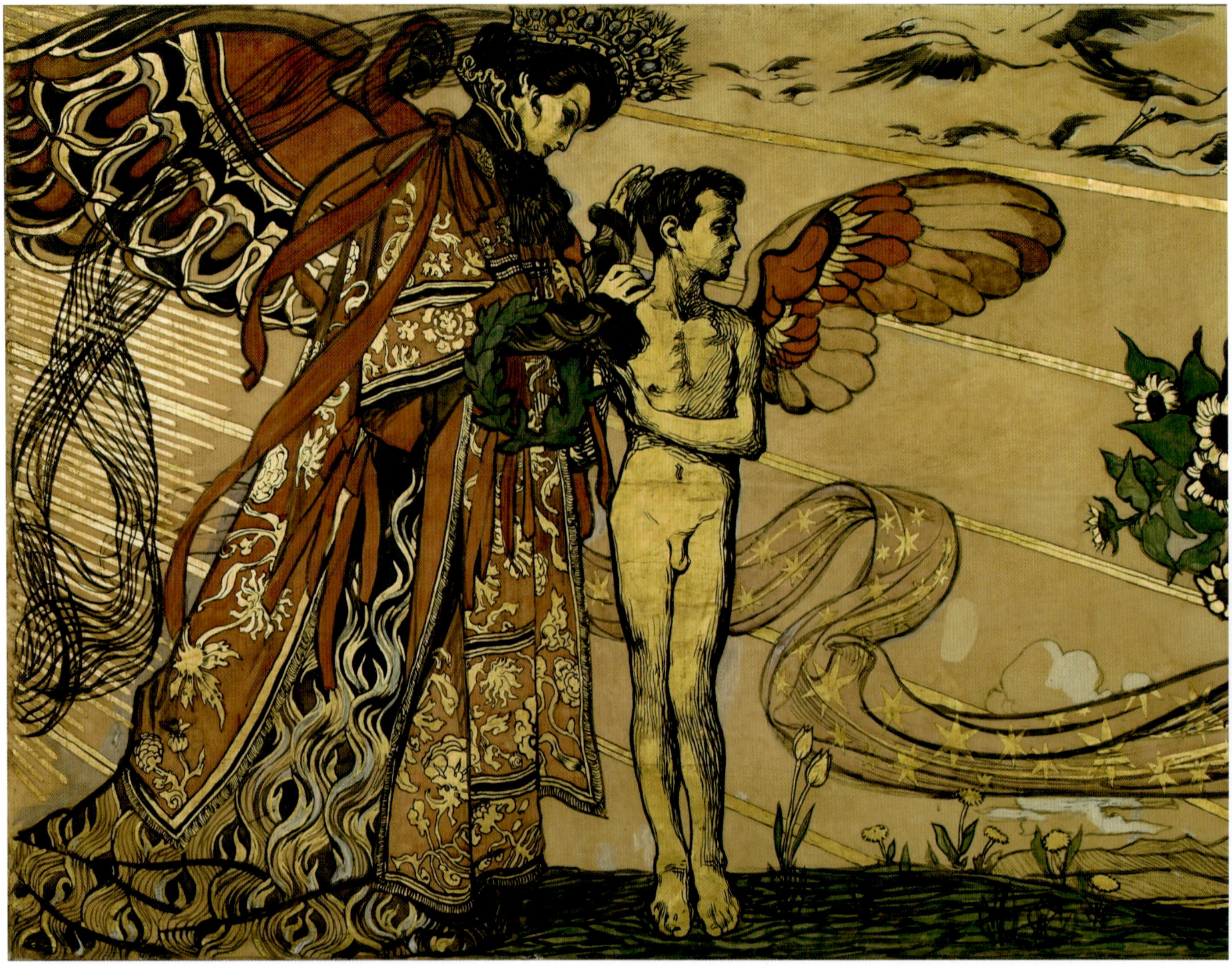

Natura i Sztuka
(Sztuka z Geniuszem)
1901
fragment projektu fryzu dla Pałacu Sztuki w Krakowie
akwarela, papier naklejony na płótno
130,0 × 360,0 cm

Nature and Art
(Art and Genius)
1901
detail from frieze design for the Palace of Art, Cracow
watercolours on paper on canvas
130.0 × 360.0 cm

Dla Pałacu Sztuki w Krakowie zaprojektował Mehoffer w roku 1901 fryz na zewnętrzne elewacje – nie doszło jednak do jego realizacji. Jeden fragment opracował malarz w formie kartonu wykonawczego. Jest to rozbudowana alegoryczna kompozycja o dużych walorach dekoracyjnych, płynących z nagromadzenia ozdobnych motywów, ich secesyjnej, ornamentalnej stylizacji oraz użycia złota. Widnieje na nim postać Sztuki – kobieta pełna baśniowego przepychu, która pokazuje młodemu geniuszowi piękno rodzimej natury.

In 1901 Mehoffer designed a frieze for the exterior elevations of the Cracow Palace of Art, but the design was never applied. This part was developed into a cartoon form. It has a highly decorative allegorical composition, elaborately ornamented and stylised in the Secessionist manner with gold, depicting Art as a fairy-tale female figure showing the young genius the beauty of his native countryside, represented by a winged girl in a folk costume against the background of a homely landscape with flying storks.

MNK ND 8673

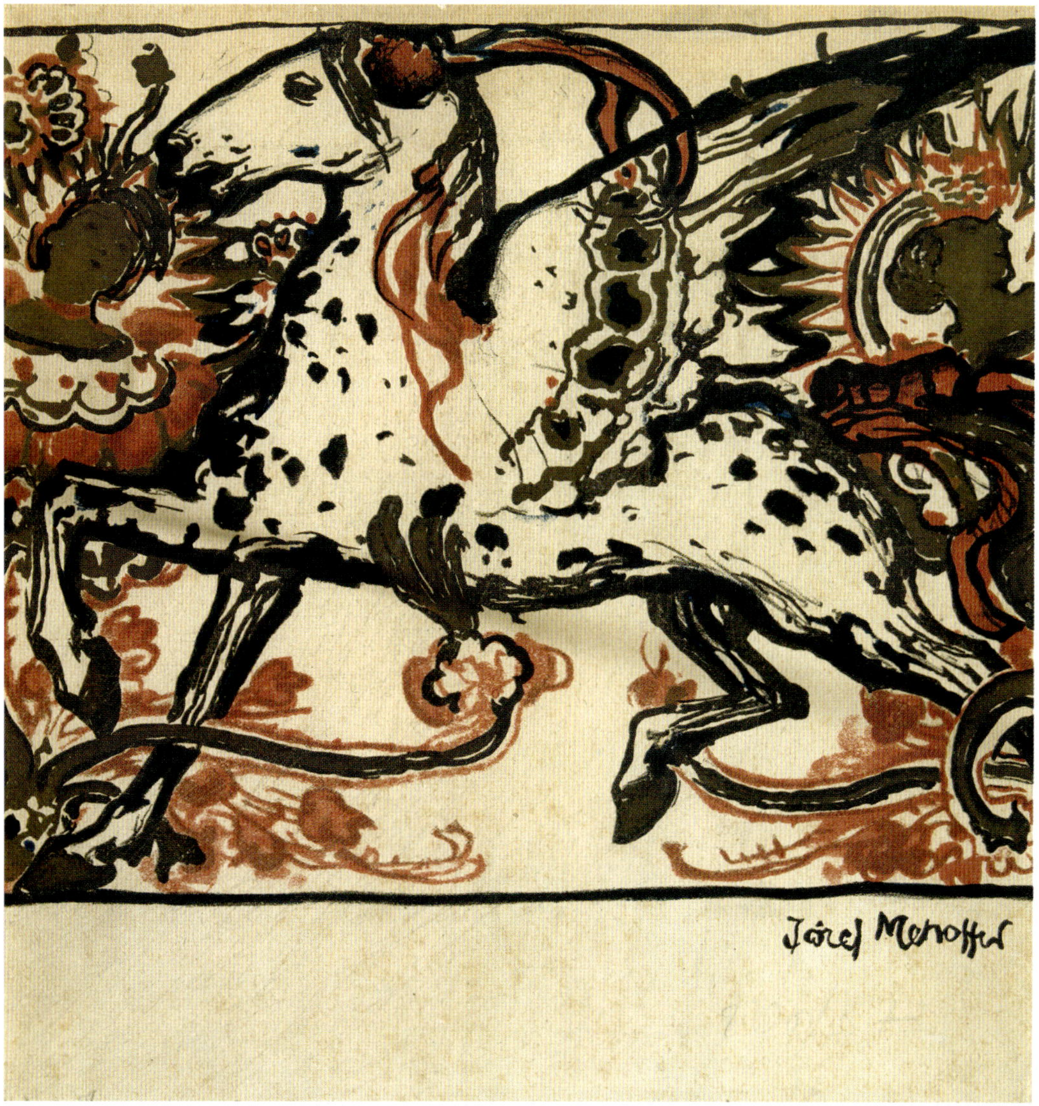

Pegaz wśród Muz
szkic na fryz Pałacu Sztuki w Krakowie
„Chimera”, kwiecień 1904, t. VII, z. 19, okładka

Pegasus among the Muses
sketch for the frieze of the Palace of Art, Cracow
Chimera, April 1904, Vol. VII, fasc. 9, cover

Motyw ten Józef Mehoffer opracował w roku 1900, w związku z projektem (zob. s. 64) fryzu na Pałac Sztuki w Krakowie. Powracał do niego parokrotnie. Pegaz bowiem – skrzydlaty rumak z greckich mitów, wierzchowiec Apolla i Muz, a w późniejszych czasach symbol poetyckiego natchnienia – odpowiadał zarówno upodobaniom epoki, jak i charakterowi twórczości Mehoffera. Dekoracyjny zmysł artysty wyraził się tutaj w pełnych dynamiki liniach ciała zwierzęcia i jego ozdób, w fantazyjnych postaciach Muz – na poły roślinnych, na poły kobiecych, a także w sposobie posłużenia się – obok czerni – barwą czerwoną.

Mehoffer devised this motif in 1900, in connection with his design for the Cracow Palace of Art frieze (see p. 64), and returned to it several times. Pegasus, the mythical winged steed of Apollo and the Muses, later became a symbol of poetic inspiration, and was a favourite device both of the age and in the work of Mehoffer, whose aptitude for decorativeness finds its expression here in the vibrant lines of the animal's body and its ornaments, as well as the fantastic shapes of the Muses, represented here as half female, half plant creatures, and the idiosyncratic use of reds alongside the strong black lines.

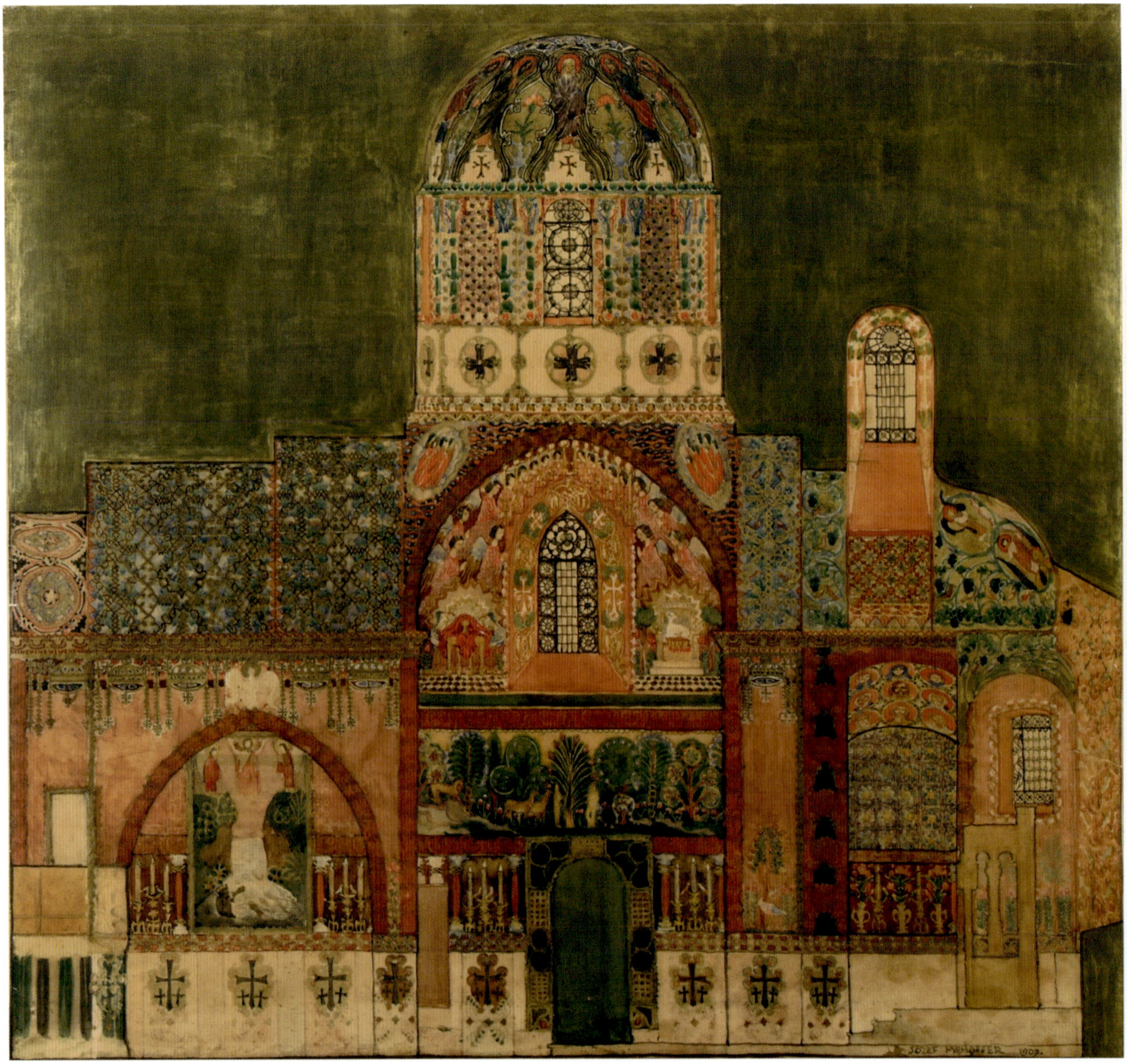

Projekt dekoracji katedry ormiańskiej we Lwowie
1907
gwasz, papier
66,0 × 72,0 cm

Design for Lwów Armenian Cathedral Decoration
1907
gouache on paper
66.0 × 72.0 cm

Dekorację malarską katedry ormiańskiej we Lwowie zamówił u Józefa Mehoffera w roku 1902 arcybiskup Józef Teodorowicz, w związku z prowadzoną restauracją tej świątyni. Pragnąc nawiązać do tradycji sztuki armeńskiej, malarz przeprowadził wnikliwe studia w tym zakresie, m.in. w klasztorze Mechitarystów pod Wenecją. Szwajcarski krytyk sztuki, William Ritter zanotował, że: „marzenie jego [artysty] pod wpływem miniatur starych ksiąg armeńskich zapowiada się jako rozpłomieniony fajerwerk widoczny już w samym projekcie". Na skutek rozmaitych zawirowań projekt nie został jednak zrealizowany.

In 1902 Mehoffer received a commission from Archbishop Józef Teodorowicz for the decoration of Lwów Armenian Cathedral, which was being restored. Mehoffer wanted to follow the traditional Armenian church art, and made a thorough study of the works in places like the Mechitarist Monastery near Venice. The Swiss art critic William Ritter observed that under the impact of the miniatures in the ancient Armenian books Mehoffer's dream "promised to be like a brilliant firework, visible already in the design." But due to a variety of obstacles the design was never applied.

MNK ND 8567

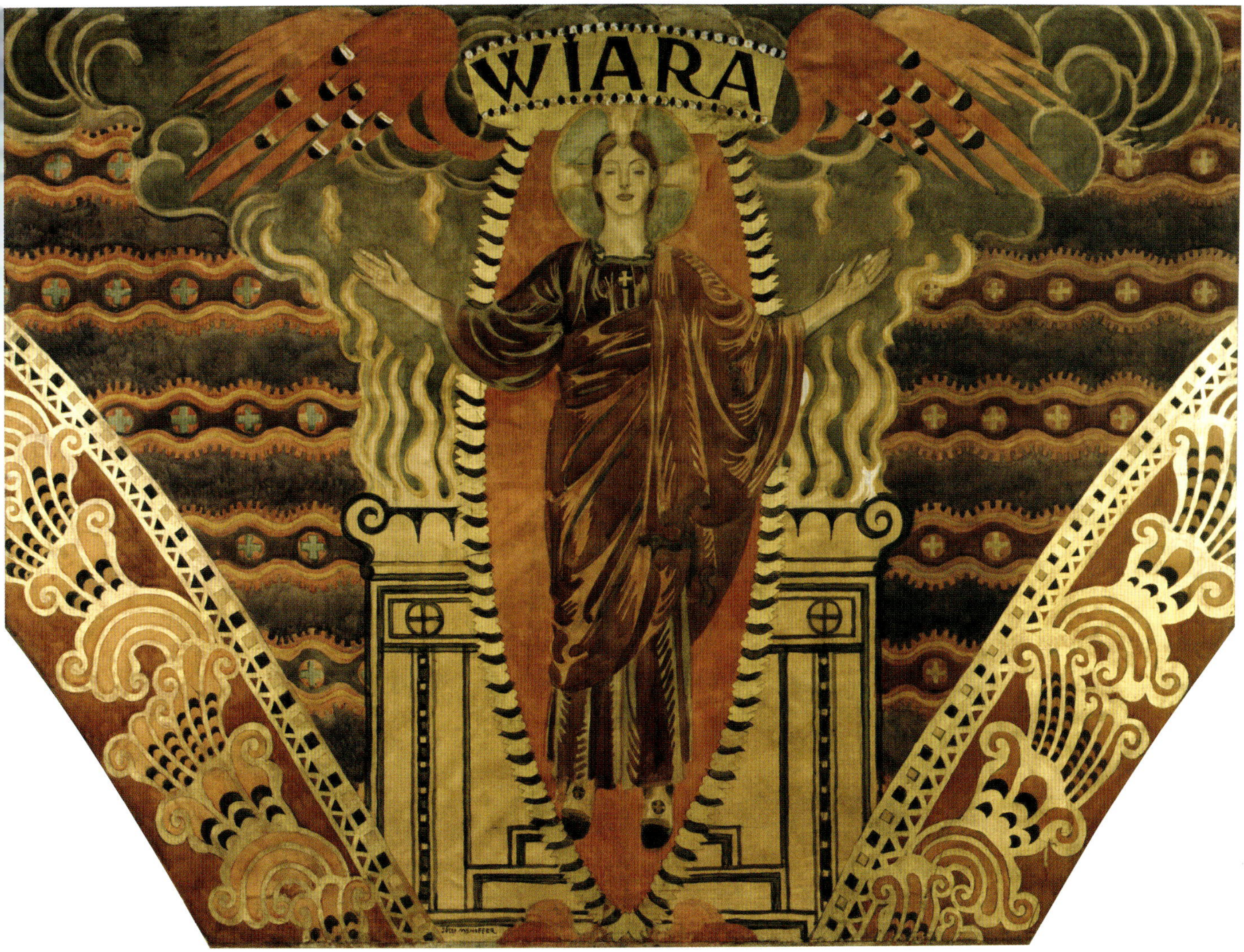

Wiara
1912–1913
karton do mozaiki w katedrze ormiańskiej we Lwowie
akwarela, papier naklejony na płótno
150,0 × 278,0 cm

Faith
1912–1913
cartoon for Lwów Armenian Cathedral mosaic
watercolours on paper on canvas
150.0 × 278.0 cm

MNK ND 5744

W latach 1912–1913 malarz opracował dla ormiańskiej katedry we Lwowie nowy, całkowicie odmienny od poprzedniego, projekt dekoracji mozaikowej. Zrealizowano go i zachował się do dnia dzisiejszego. Obejmuje wnętrze kopuły oraz pendentywy. Scena figuralna w czaszy kopuły to przedstawienie Trójcy Świętej w typie Tronu Łaski. Pozostałe powierzchnie wypełnił malarz ornamentami. Należy też do nich dekoracja, wykonana według prezentowanego tu kartonu, powtórzona we wszystkich pendentywach, lecz z odmiennym w każdym z nich napisem. Gorącym barwom towarzyszy bogato wykorzystane złoto.

In 1912–1913 Mehoffer made an entirely new design for Lwów Armenian Cathedral. This mosaic decoration was applied and still decorates the Cathedral's interior domes and pendentives. The figural scene in the top of the dome shows a Throne of Mercy version of the Holy Trinity. Mehoffer put ornamentation on the remaining surfaces. One of these decorations is the design shown in this cartoon, which occurs on all the pendentives, but in each with a different inscription. The vivid colours are accompanied by a rich measure of gold.

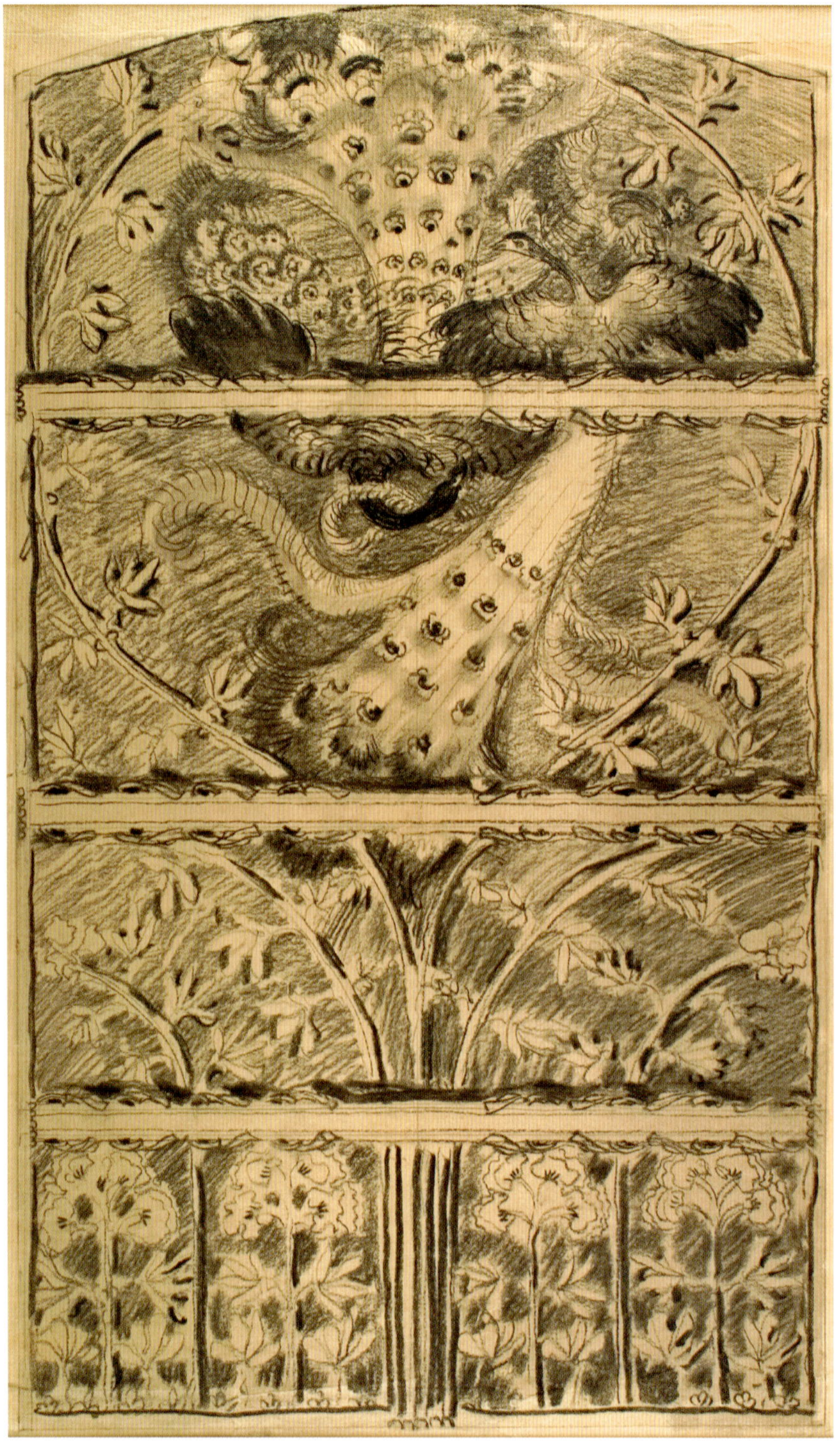

Projekt plafonu z motywem rajskich ptaków
1905 lub 1906
węgiel, papier
74,5 × 44,5 cm

Plafond Bird of Paradise Design
1905 or 1906
charcoal on paper
74.5 × 44.5 cm

W latach 1905–1907 Józef Mehoffer zaprojektował i zrealizował całościową dekorację sali posiedzeń Izby Handlowej i Przemysłowej w Krakowie. Złożyły się na nią: dekoracja malarska ścian i plafonu, ozdobne boazerie, meble, lampy, witraże. Inspiracje zaczerpnął malarz z wielu źródeł. Najbardziej ewidentne to sztuka ludowa i secesyjna dekoracyjność. Ta ostatnia w pełni doszła do głosu w prezentowanym tu projekcie plafonu z motywem rajskich ptaków. Ostatecznie plafon sali ozdobił równie dekoracyjny motyw węży, odnoszący się do kaduceusza Merkurego, rzymskiego boga handlu.

In 1905–1907 Mehoffer designed and effected the entire decoration of the meeting room in the Cracow Chamber of Commerce and Trade, comprising murals on the walls and plafond ceiling, ornamental wainscoting, furniture, lamps, and stained-glass windows. He used various sources for inspiration. The most obvious of them were folk art and the Secession's penchant for decoration, which manifested itself most fully in this bird of paradise design for the plafond. The design which was eventually used on the plafond was an equally decorative snake motif, a reference to the rod of Mercury, the god of trade.

MNK ND 5964

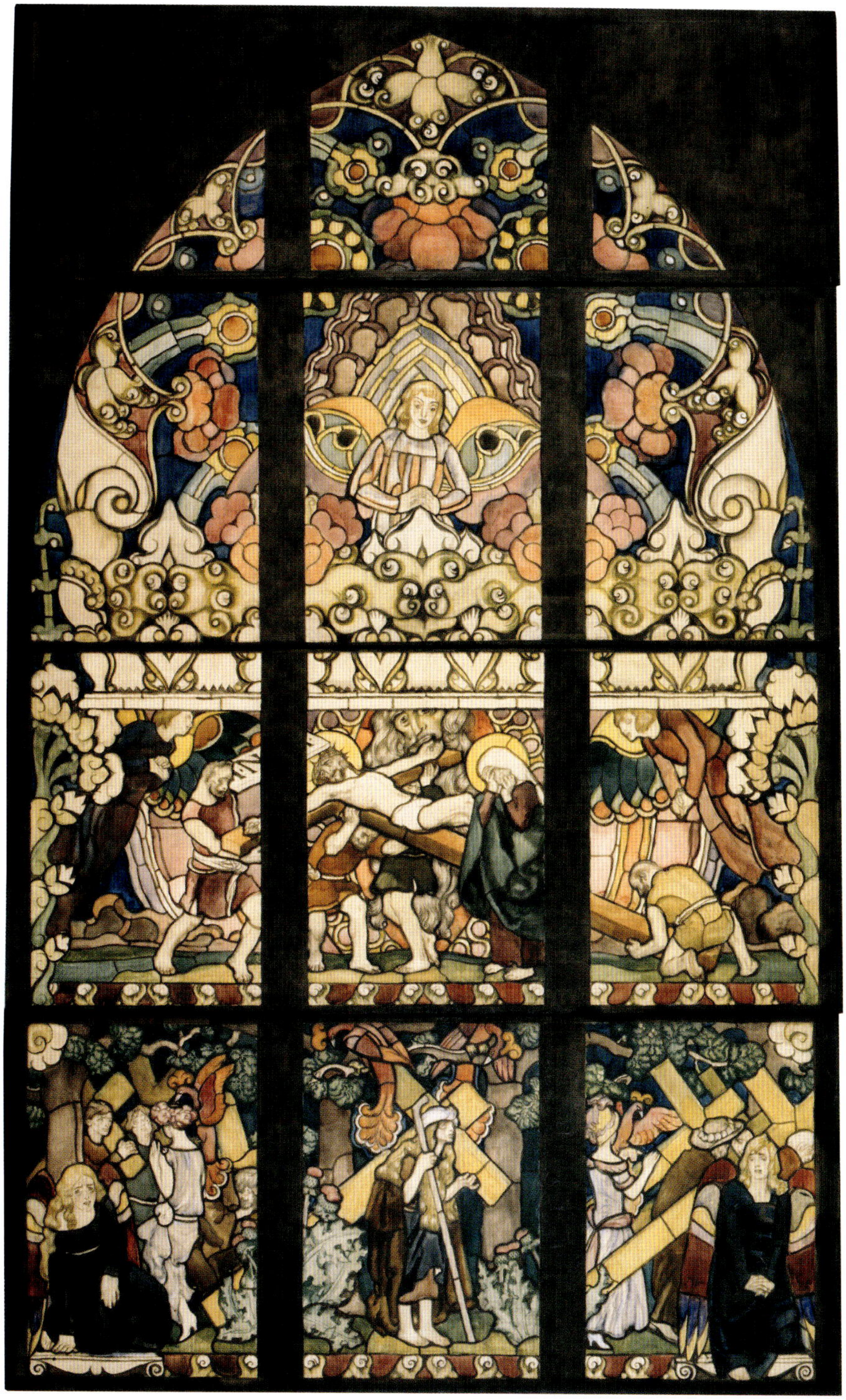

Droga Krzyżowa – Ukrzyżowanie
1923–1924
karton do witraża w oknie kaplicy Świętokrzyskiej przy katedrze na Wawelu
akwarela, papier naklejony na płótno
363,0 × 223,0 cm

The Way of the Cross: the Crucifixion
1923–1924
cartoon for stained-glass window in the Holy Cross Chapel, Wawel Cathedral
watercolours on paper on canvas
363.0 × 223.0 cm

Kompozycyją witraży do dwu dużych okien kaplicy Świętokrzyskiej nawiązał malarz do pasmowego układu zdobiących to wnętrze piętnastowiecznych malowideł ściennych. Pod względem tematycznym zaś poświęcił je wezwaniu kaplicy. Bardzo oryginalny jest umieszczony w dolnym paśmie okien motyw pochodu barwnych i strojnych postaci z krzyżami, symbolizujący wędrówkę ludzi przez trudy życia ku zbawieniu.
Za witraże te artysta otrzymał Grand Prix na Międzynarodowej Wystawie Sztuki Dekoracyjnej w Paryżu w 1925 roku.

The composition of Mehoffer's stained glass for two large windows in the Holy Cross Chapel of Wawel Cathedral refers to a band of decorations on some 15th-century murals in the Chapel. His subject is the Holy Cross. A highly original motif of colourful, well-dressed figures carrying crosses symbolising the journey through life's trials and tribulations to salvation decorates the lower part of the windows.
These stained-glass windows won Mehoffer the Grand Prix in the 1925 International Exhibition of Decorative Art in Paris.

MNK ND 5783/1-4

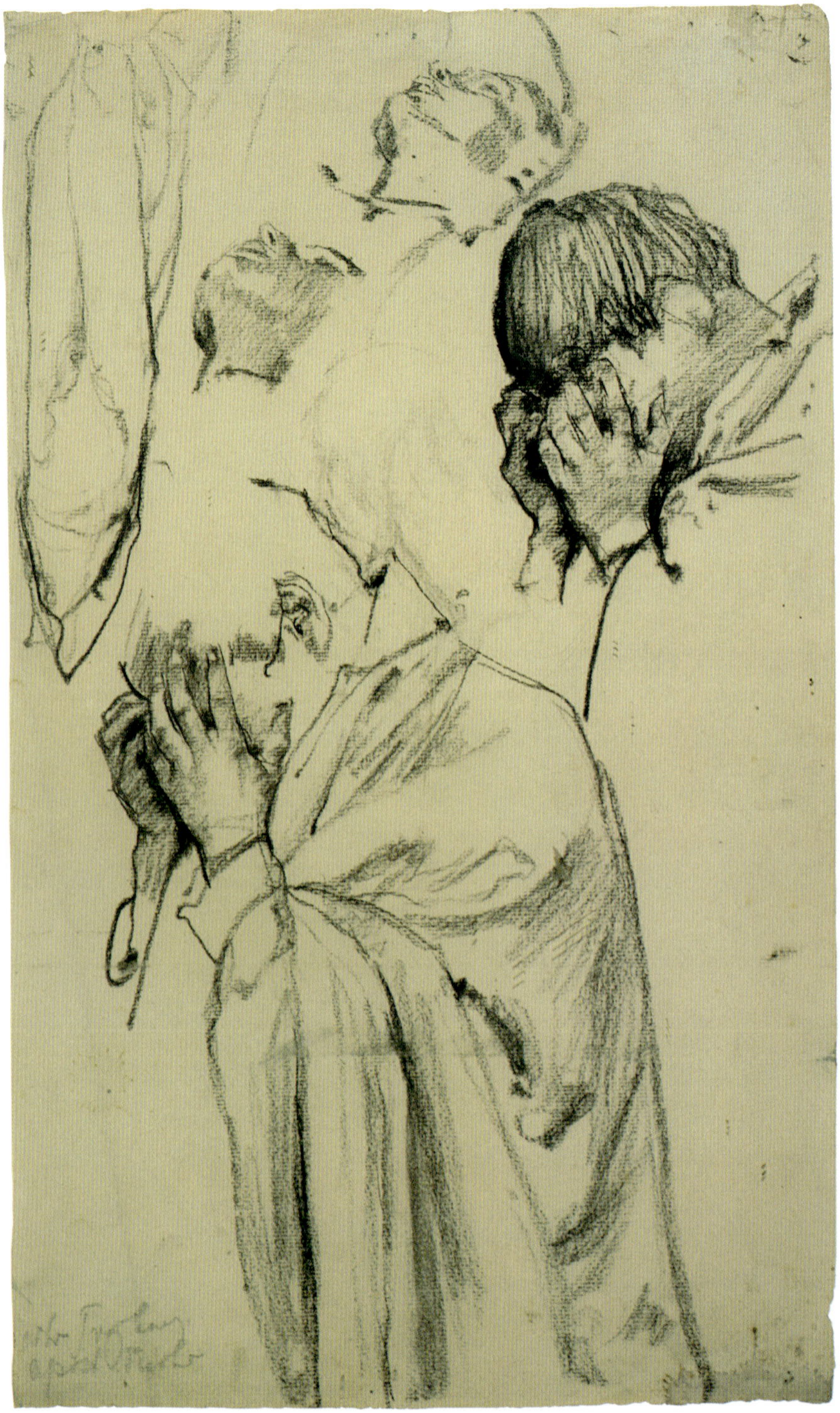

Święty Piotr i święty Andrzej
1895
studium postaci do witraża *Apostołowie* do katedry we Fryburgu
kredka, papier
44,0 × 26,9 cm

St. Peter and St. Andrew
1895
figure study for *The Apostles* stained-glass window Fribourg Cathedral
crayon on paper
44.0 × 26.9 cm

Witraż *Apostołowie* dał początek dziełu życia Józefa Mehoffera – zespołowi trzynastu monumentalnych witraży do gotyckiej kolegiaty pw. Świętego Mikołaja z Miry we Fryburgu szwajcarskim – uznanemu za jedno ze szczytowych osiągnięć modernizmu w skali światowej.
Wizja zrozpaczonego, świadomego swojej słabości Piotra oraz niezłomnego, adorującego krzyż Andrzeja stanowi klamrę dzieła, będącego w całości apoteozą triumfu wiary i mocy Kościoła. Powyższe, pełne tragicznego patosu studium jest świadectwem kształtowania się idei całego witraża.

The Apostles initiated Mehoffer's opus vitae: a series of 13 monumental stained-glass windows for the Collegiate Church of St. Nicholas in Fribourg (Switzerland), regarded as one of the world's best achievements in Modernist art.
A vision of the despairing Peter, conscious of his weakness, and the steadfast Andrew adoring the Cross makes up the lynchpin of an apotheosis of the Church and the triumph of her faith and power. This study is full of tragic pathos and shows how the concept for a stained-glass window crystallised out.

MNK ND 8900

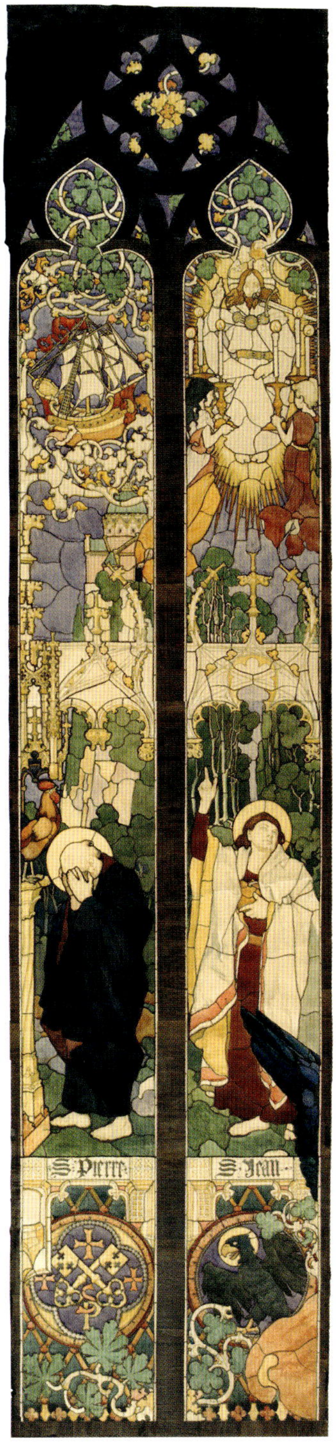

Święty Piotr
i święty Jan
1896
karton
do witraża
Apostołowie,
do okna lewego
akwarela, gwasz,
papier naklejony
na płótno
683,0 × 158,2 cm

St. Peter
and St. John
1896
cartoon
for *The Apostles*
left-hand-side
stained-glass window
watercolours and
gouache on paper
on canvas
683.0 × 158.2 cm

MNK ND 7366

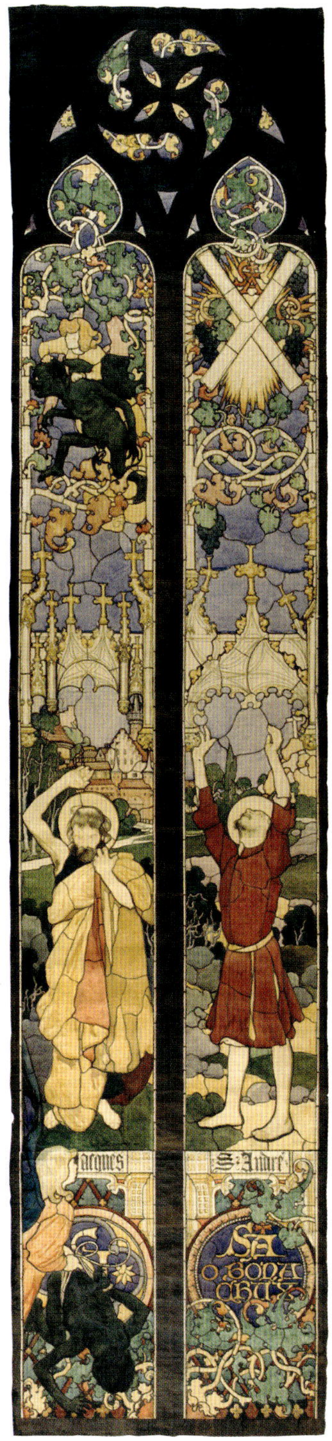

Święty Jakub
Starszy
i święty Andrzej
1896
karton
do witraża
Apostołowie,
do okna prawego
akwarela, gwasz,
papier naklejony na
płótno
678,0 × 157,5 cm

St. James
the Greater
and St. Andrew
1896
cartoon
for *The Apostles*
right-hand-side
stained-glass window
watercolours and
gouache on paper
on canvas
678.0 × 157.5 cm

MNK ND 7367

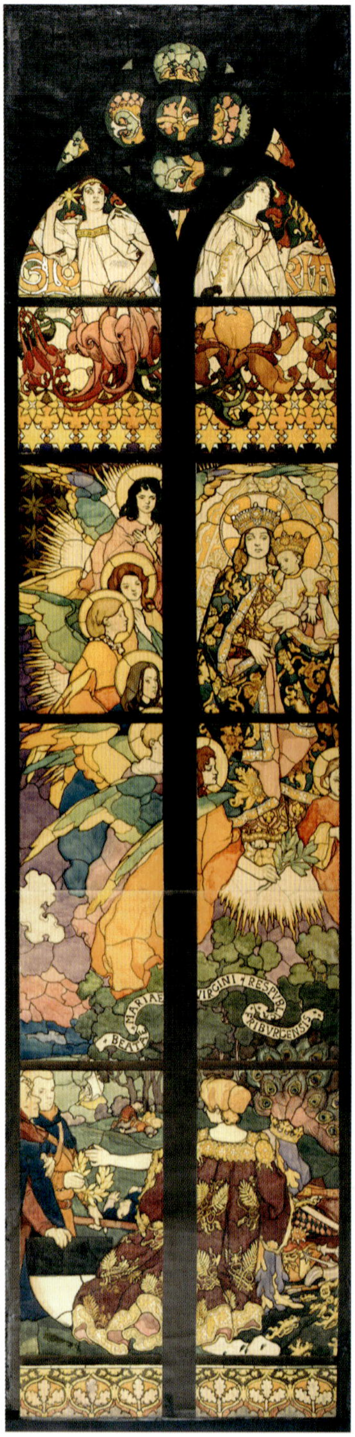

Ojczyzna (Helvetia)
1897
karton
do witraża
Matka Boska Zwycięska,
do okna lewego
akwarela, gwasz,
papier naklejony
na płótno
681,5 × 173,7 cm

The Native Land (Helvetia)
1897
cartoon for
the *Our Lady of Victories* stained-glass
left-hand-side
window
watercolours and
gouache on paper
on canvas
681.5 × 173.7 cm

MNK ND 7373

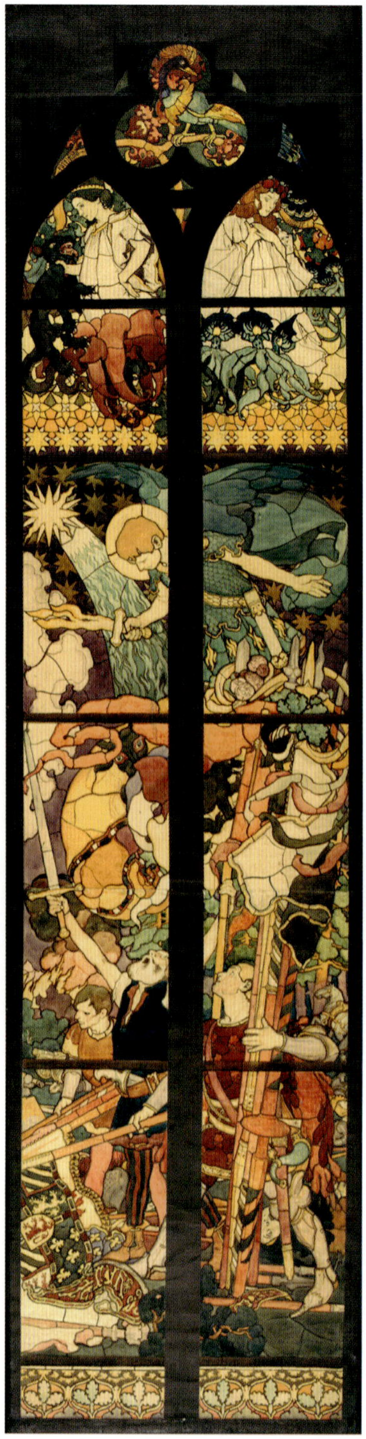

Wojownicy
1897
karton
do witraża
Matka Boska Zwycięska,
do okna prawego
akwarela, gwasz,
papier naklejony
na płótno
687,0 × 172,7 cm

The Warriors
1897
cartoon for
the *Our Lady of Victories* stained-glass
right-hand-side
window
watercolours and
gouache on paper
on canvas
687.0 × 172.7 cm

MNK ND 7374

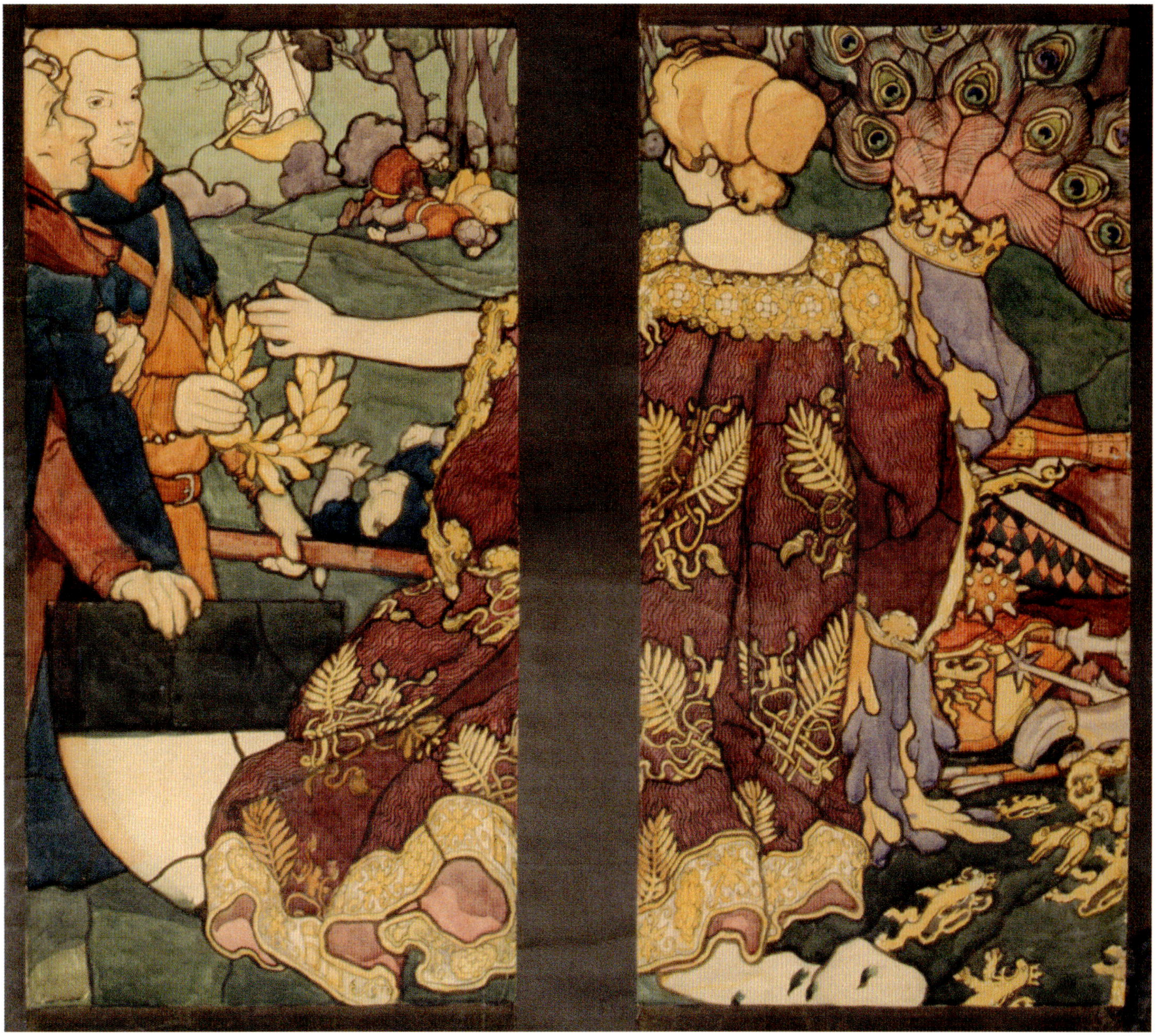

Personifikacja Ojczyzny (Helvetia)
1897
fragment kartonu do witraża *Matka Boska Zwycięska*, do okna lewego

Personification of Helvetia (The Native Land)
1897
detail from the *Our Lady of Victories* left-hand-side stained-glass window

Pod imieniem Notre-Dame des Victoires Fryburg od wieków czci Marię, protektorkę militarnych zwycięstw ojczyzny. Mehoffer zobrazował ten kult – upamiętnił największy triumf orężny fryburczyków, odniesiony w 1476 roku pod Morat, a umożliwiający przystąpienie do federacji szwajcarskiej. Dzieło przedstawia grupę wojowników, którzy pod wodzą Archanioła Michała wracają z pola bitwy, by wraz z Helvetią złożyć hołd opiekuńczej Dziewicy. Personifikacji Helvetii nadał Mehoffer rysy wybitnej artystki scen polskich – Ireny Solskiej (1875–1958), pragnąc, aby postać Ojczyzny była uosobieniem majestatu i wytwornego wdzięku.

For centuries the Virgin Mary has been venerated in Fribourg as Notre Dame des Victoires, protectress of Switzerland's military victories. Mehoffer represented the cult in a work commemorating the Battle of Morat (1476), Fribourg's greatest military triumph, which enabled it to join the Helvetic Confederation. It shows a group of soldiers led by the Archangel Michael returning with Helvetia from the battlefield, to pay homage to the Virgin Protectress. Mehoffer chose the distinguished Polish actress Irena Solska (1875–1958) as the model for Helvetia, endowing the figure with majesty and refined gracefulness.

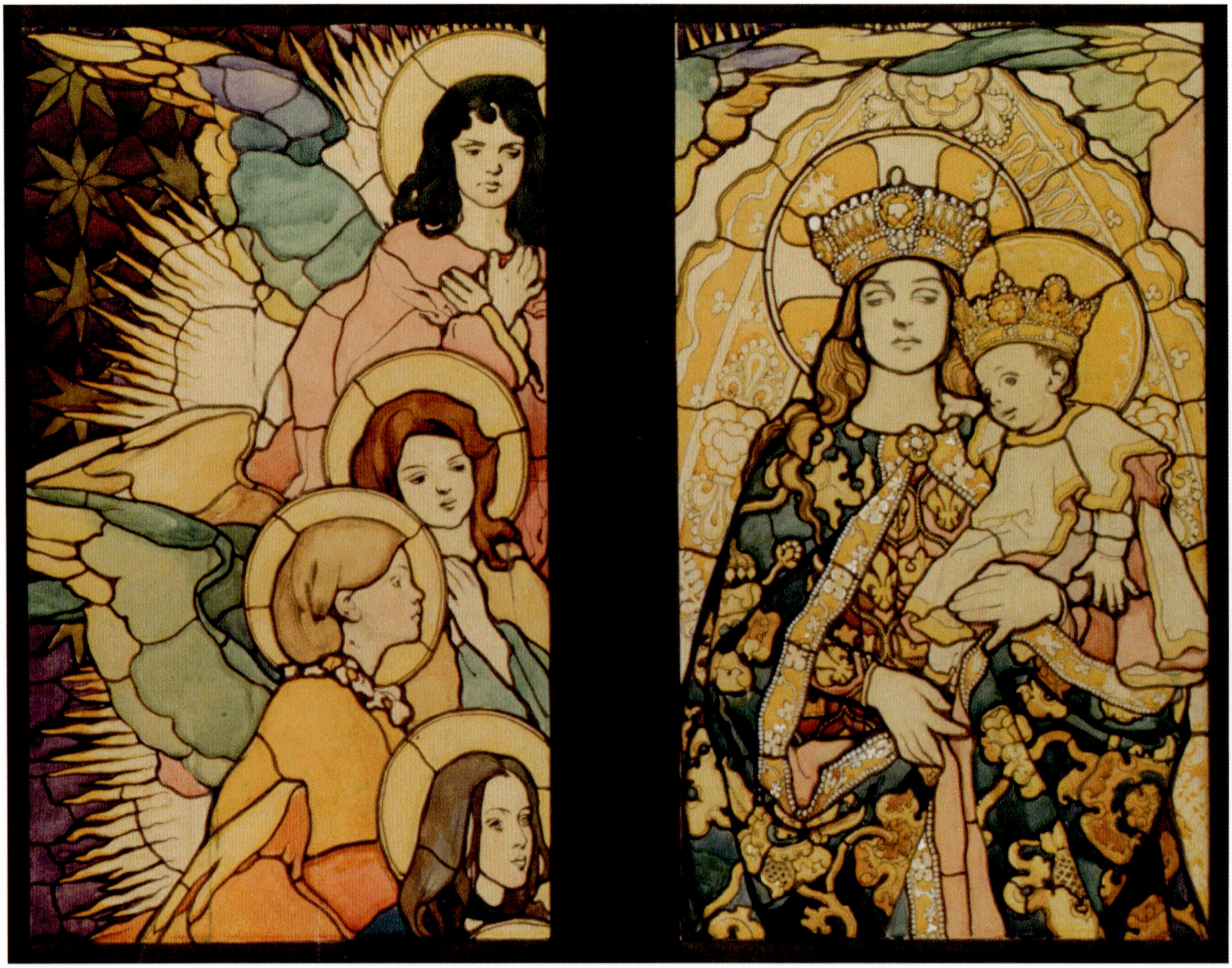

Madonna w otoczeniu aniołów
1897
fragment kartonu do witraża *Matka Boska Zwycięska*, do okna lewego

Madonna and Child with Angels
1897
detail from cartoon for the *Our Lady of Victories* left-hand-side stained-glass window

W uniwersalnym porządku witraży Mehoffera historia rozgrywa się zgodnie z planem Opatrzności. Posągowa Madonna objawia się triumfującym wojownikom w promienistym nimbie, z Dzieciątkiem na ręku. Wspaniałe, dekoracyjnie stylizowane młodzieńcze anioły skupiły się wokół i adorują Królową Niebios.

In the universal order of Mehoffer's stained glass, history unfolds in accordance with the plan of Divine Providence. A statuesque Madonna and Child appears in a brilliant nimbus to the triumphant soldiers, while a magnificent group of young angels adores the Queen of Heaven.

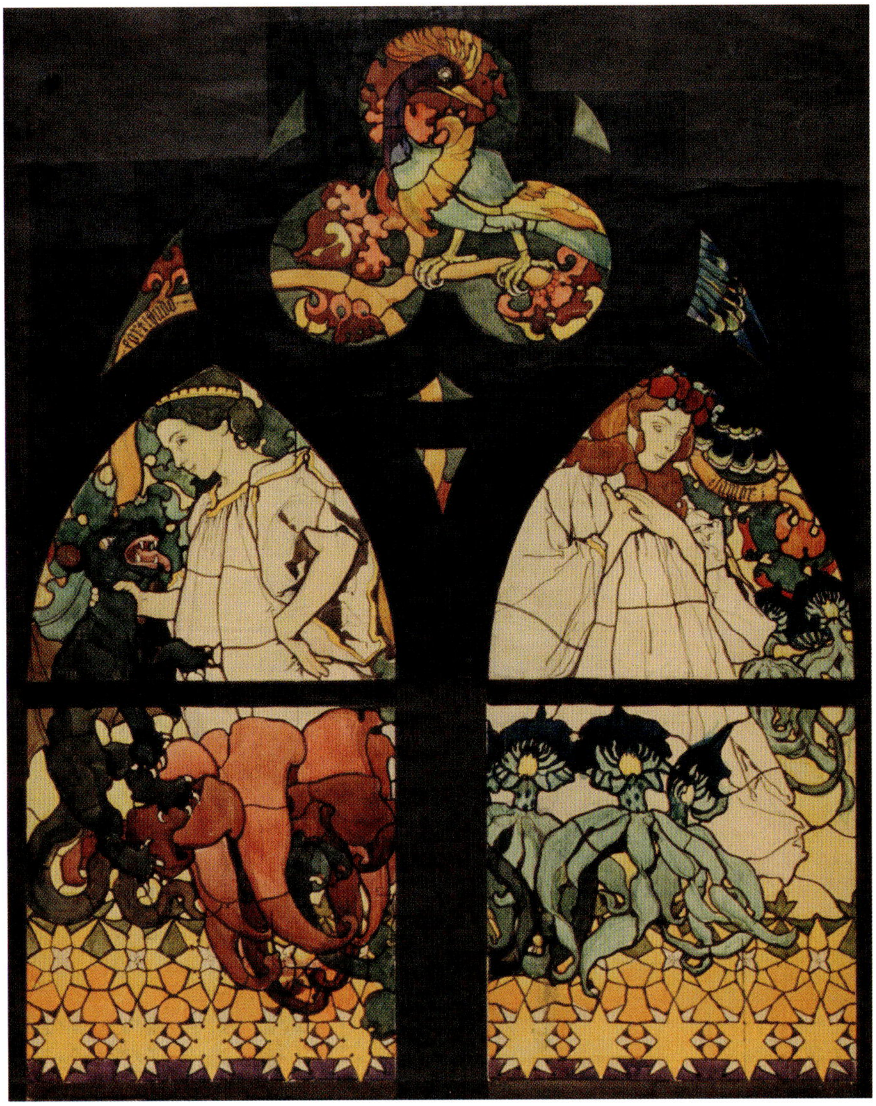

Personifikacje Męstwa i Miłości oraz Feniks
1897
fragment kartonu do witraża *Matka Boska Zwycięska*, do okna prawego

Personification of Fortitude and Charity with the Phoenix
1897
detail from cartoon for the *Our Lady of Victories* right-hand-side stained-glass window

Idei witraża dopełniają, umieszczone w partiach szczytowych okien, personifikacje cnót – Nadziei, Wiary, Męstwa i Miłości. W maswerkowym zwieńczeniu okna *Wojowników* pojawia się także Feniks. *Notre-Dame des Victoires* to świadectwo potęgi ducha narodu i jego nieśmiertelności, której symbolem jest ten mityczny ptak.

This stained-glass window's main concept is supplemented by the personified figures of Faith, Hope, Fortitude and Charity in the upper part. At the very top of the Gothic window there is a phoenix. *Notre Dame des Victoires* is a testimonial to the nation's spirit and immortality, which is symbolised by this mythical creature.

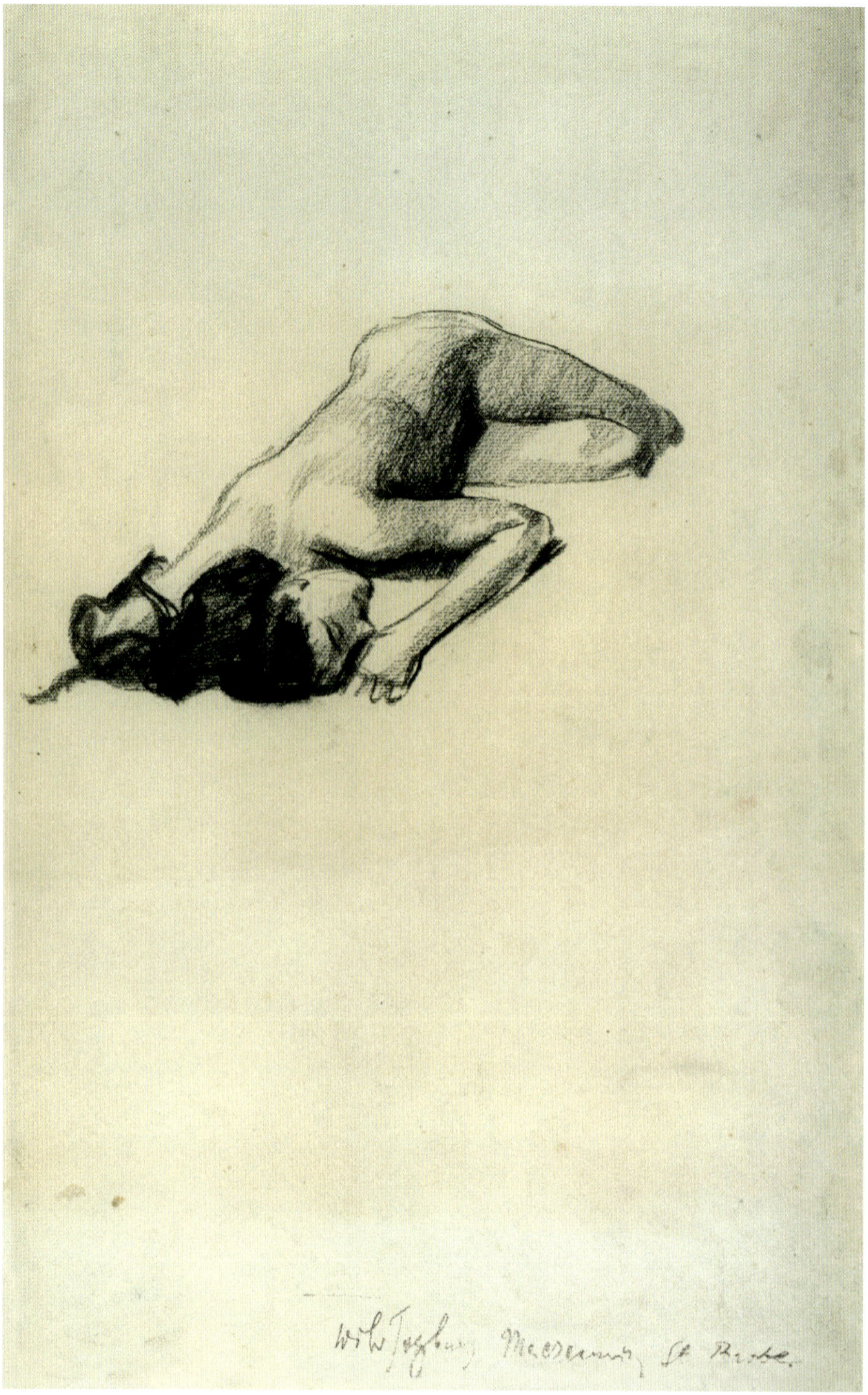

Święta Barbara
1898
studium postaci
do witraża
Męczennicy
kredka, papier
48,7 × 32,0 cm

MNK ND 8902

St. Barbara
1898
figure study
for *The Martyrs*
stained-glass window
crayon on paper
48.7 × 32.0 cm

Studia rysunkowe do witraży Mehoffera cechuje mocna, energiczna kreska. Barbarze towarzyszy jednak wyraźne wyciszenie, wręcz czułość. Jej ciało zarysowuje linia delikatna, miękka, podkreślająca kruchość i bezbronność dziewiczej męczennicy. W witrażu *Męczennicy*, nagrodzonym w roku 1900 złotym medalem na Światowej Wystawie w Paryżu, przedstawił artysta świętych otoczonych we Fryburgu szczególną czcią. Bohaterów chrześcijaństwa ukazał synoptycznie, w momencie dopełniającego się aktu wiary oraz męczeńskiej śmierci. Dramat rozgrywa się w przepychu formy, podkreślającej zmysłowość dzieła.

The drawing studies for Mehoffer's stained glass are characterised by sharp, forceful lines, But in the figure of St. Barbara there is a distinct tranquillity, a tenderness. Her naked body has a soft, delicate outline, emphasising the virgin martyr's fragility and defencelessness. In *The Martyrs*, a stained-glass window awarded the gold medal in the 1900 Paris World Exhibition, Mehoffer presented the saints venerated in Fribourg in a synoptic scheme, at the moment of their heroic death and the consummation of their faith. The drama is played out in a flamboyance of form underlining the sensuality of the work.

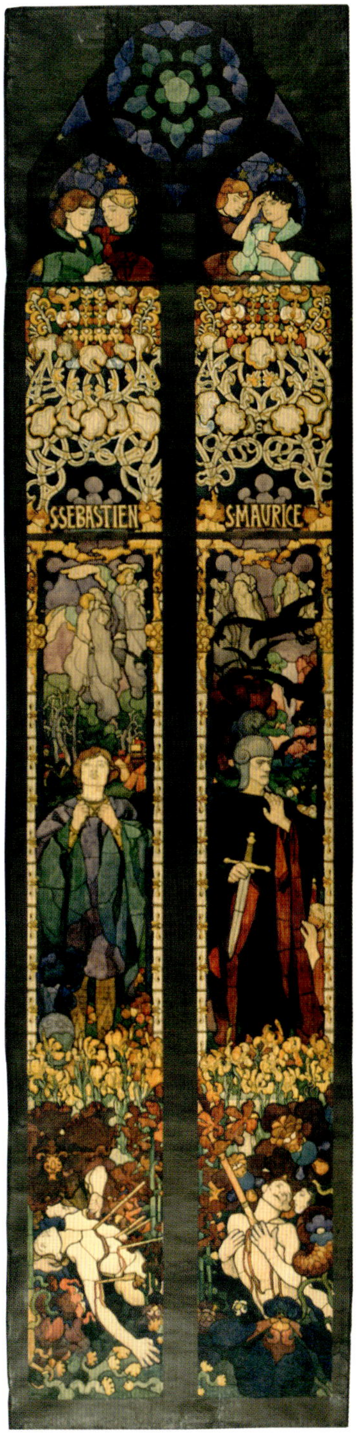

Święty Sebastian i święty Maurycy
1899
karton
do witraża
Męczennicy,
do okna lewego
akwarela, gwasz,
papier naklejony
na płótno
681,0 × 166,0 cm

St. Sebastian and St. Maurice
1899
cartoon
for *The Martyrs*
left-hand-side
stained-glass window
watercolours and
gouache on paper
on canvas
681.0 × 166.0 cm

MNK ND 7365

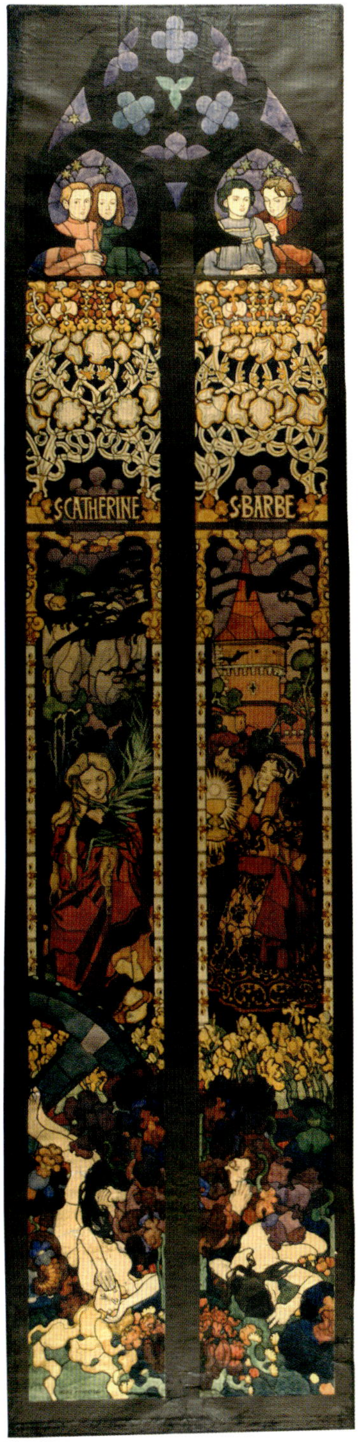

Święta Katarzyna i święta Barbara
1899
karton
do witraża
Męczennicy,
do okna prawego
akwarela, gwasz,
papier
680,0 × 168,0 cm
sygn. l.d.:
JÓZEF MEHOFFER

St. Catherine and St. Barbara
1899
cartoon
for *The Martyrs*
left-hand-side
stained-glass window
watercolours and
gouache on paper
680.0 × 168.0 cm
signature, b.l.:
JÓZEF MEHOFFER

MNK ND 7364

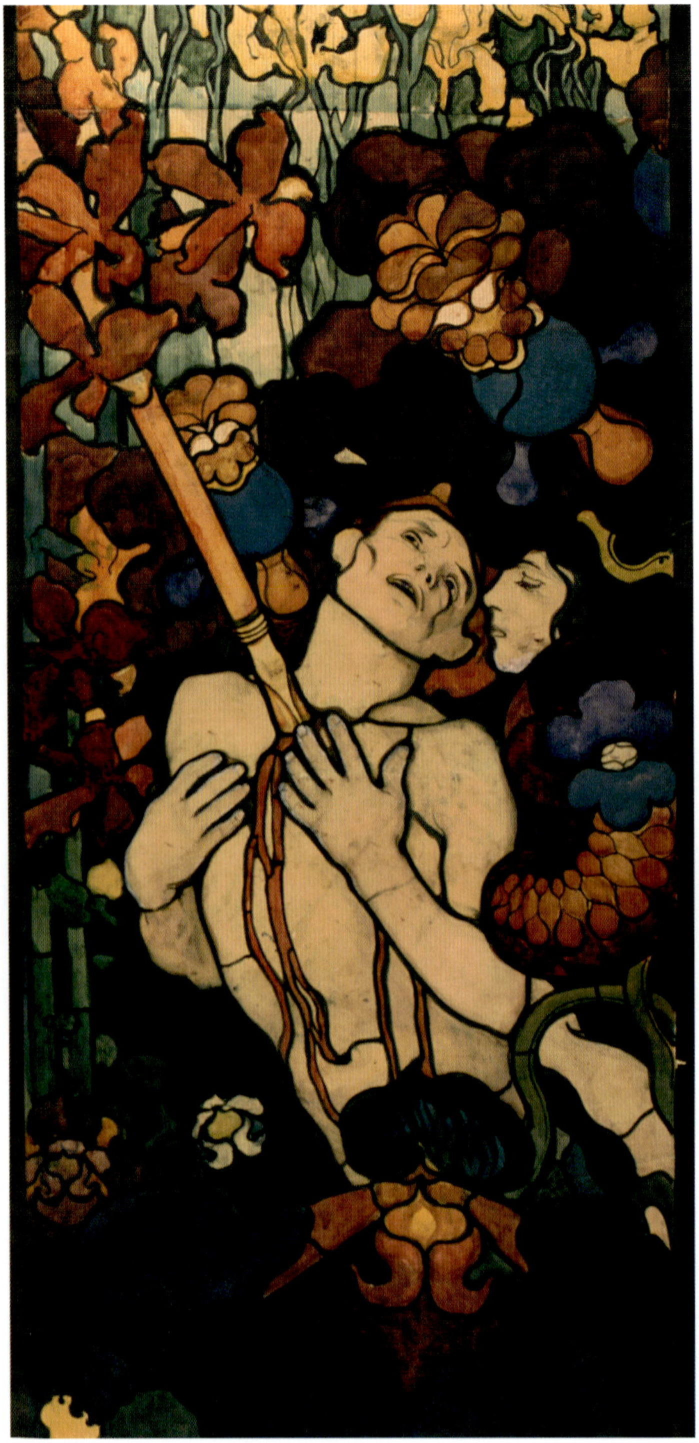

Ciało świętego Maurycego
1899
fragment kartonu do witraża *Męczennicy*, do okna lewego

The Body of St. Maurice
1899
detail from the cartoon for *The Martyrs* left-hand-side stained-glass window

Ciała umęczonych świętych przedstawił Mehoffer w gąszczu kwiatów o miękkich liniach i żywiołowej gamie barw. Pełna uduchowienia postać kobieca, która pojawia się przy nich, to zapewne Thanatos. Scena śmierci Maurycego różni się na kartonie od zrealizowanej ostatecznie w szkle. Święty zginął bowiem od ciosów miecza. Projektując zamiast miecza – włócznię – insygnium suwerenności otrzymane przez Bolesława Chrobrego od cesarza Ottona III, Mehoffer pragnął pierwotnie wzbogacić przesłanie dzieła.

Mehoffer presents the bodies of the martyrs in a tangle of softly outlined flowers and a dazzling gamut of colours. The unworldly female figure appearing next to them is most probably Thanatos (Death). The cartoon showing the death of St. Maurice differs from the final version in the stained glass. The martyr died by the sword, but in his original design Mehoffer showed him transfixed by a spear. St. Maurice's Spear was one of the insignia of sovereignty bestowed on Boleslaus the Brave by the Emperor Otto III. Perhaps Mehoffer's original intention was to enrich the image's meaning in this way.

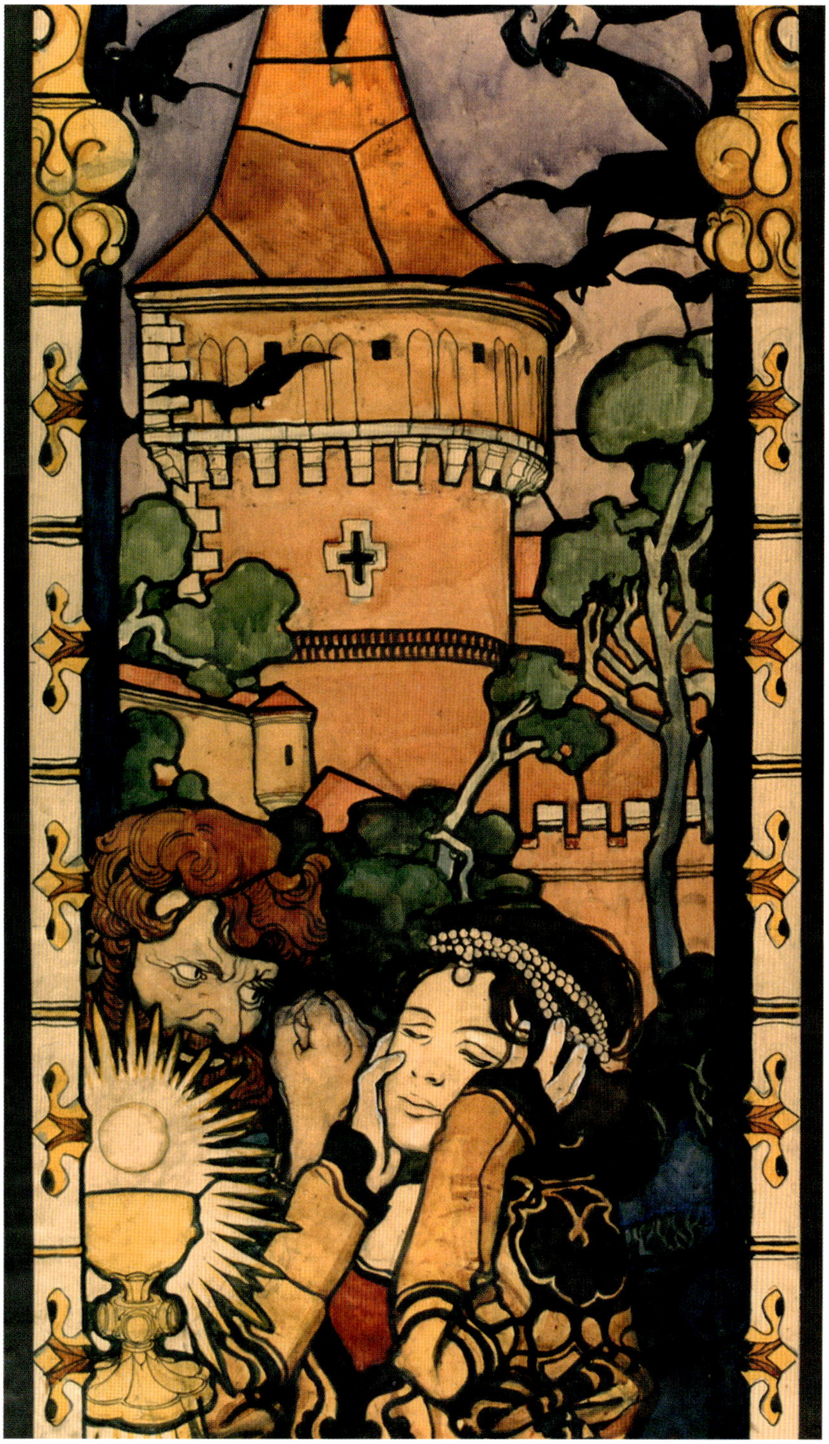

Wieża świętej Barbary
1899
fragment kartonu do witraża *Męczennicy*, do okna prawego

St. Barbara's Tower
1899
detail from the cartoon for *The Martyrs* right-hand-side stained-glass window

Postać Barbary otoczył artysta klimatem poezji i baśniowości. Patronka dobrej śmierci pojawia się w oknie fryburskiej katedry w pięknej wzorzystej sukni, nawiązującej do rodzimych ubiorów z przełomu XVII i XVIII wieku. Powyżej wpatrzonej w jaśniejące cyborium Dioskorowej córy przedstawił Mehoffer krakowską basztę Stolarską z przylegającymi do niej murami obronnymi, pełniącą tu rolę popularnego atrybutu świętej.

Mehoffer's St. Barbara is enveloped in an atmosphere of poetry and fable. In the Fribourg Cathedral window the patroness of the good death is shown in a beautifully patterned robe, reminiscent of the ones worn in Poland in the Renaissance. She is gazing at a luminous ciborium and host. Above we see an image of the Cracow Carpenters' Tower and the adjoining walls, serving as a representation of this saint's attribute.

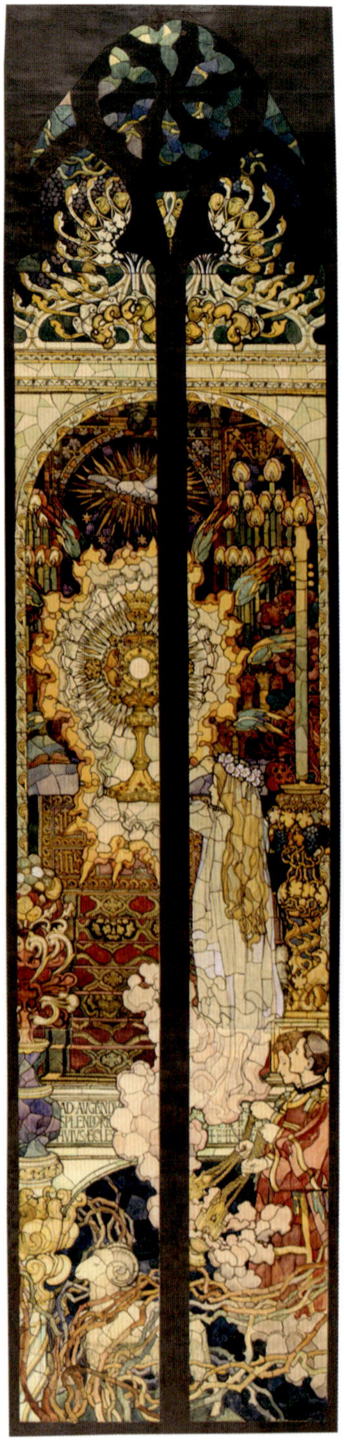

Wiara
1900
karton do witraża
Najświętszy
Sakrament,
do okna lewego
akwarela, gwasz,
papier naklejony
na płótno
680,5 × 161,3 cm

Faith
1900
cartoon for
The Blessed Sacrament
left-hand-side
stained-glass window
watercolours and
gouache on paper
on canvas
680.5 × 161.3 cm

MNK ND 7377

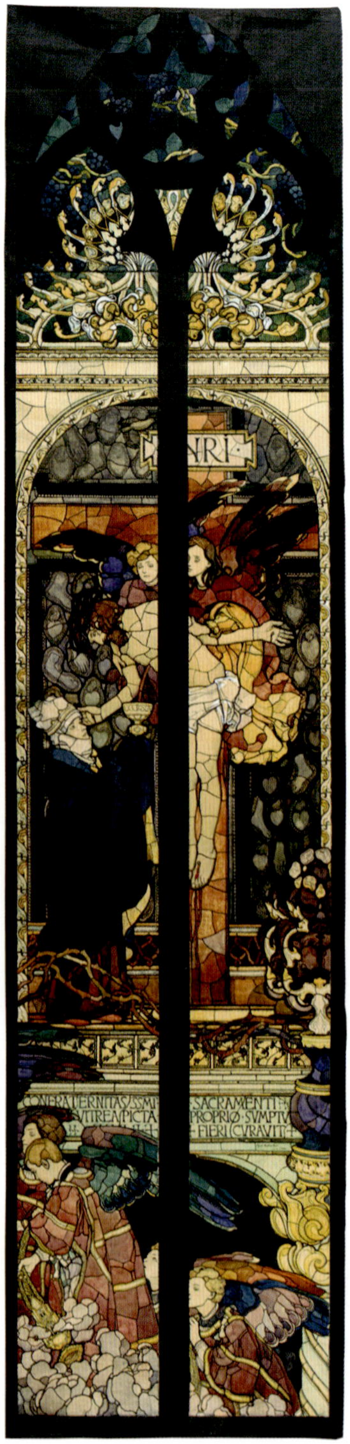

Kościół
1900
karton do witraża
Najświętszy
Sakrament,
do okna prawego
akwarela, gwasz,
papier naklejony
na płótno
678,5 × 163,0 cm

The Church
1900
cartoon for
The Blessed Sacrament
right-hand-side
stained-glass window
watercolours and
gouache on paper
on canvas
678.5 × 163.0 cm

MNK ND 7378

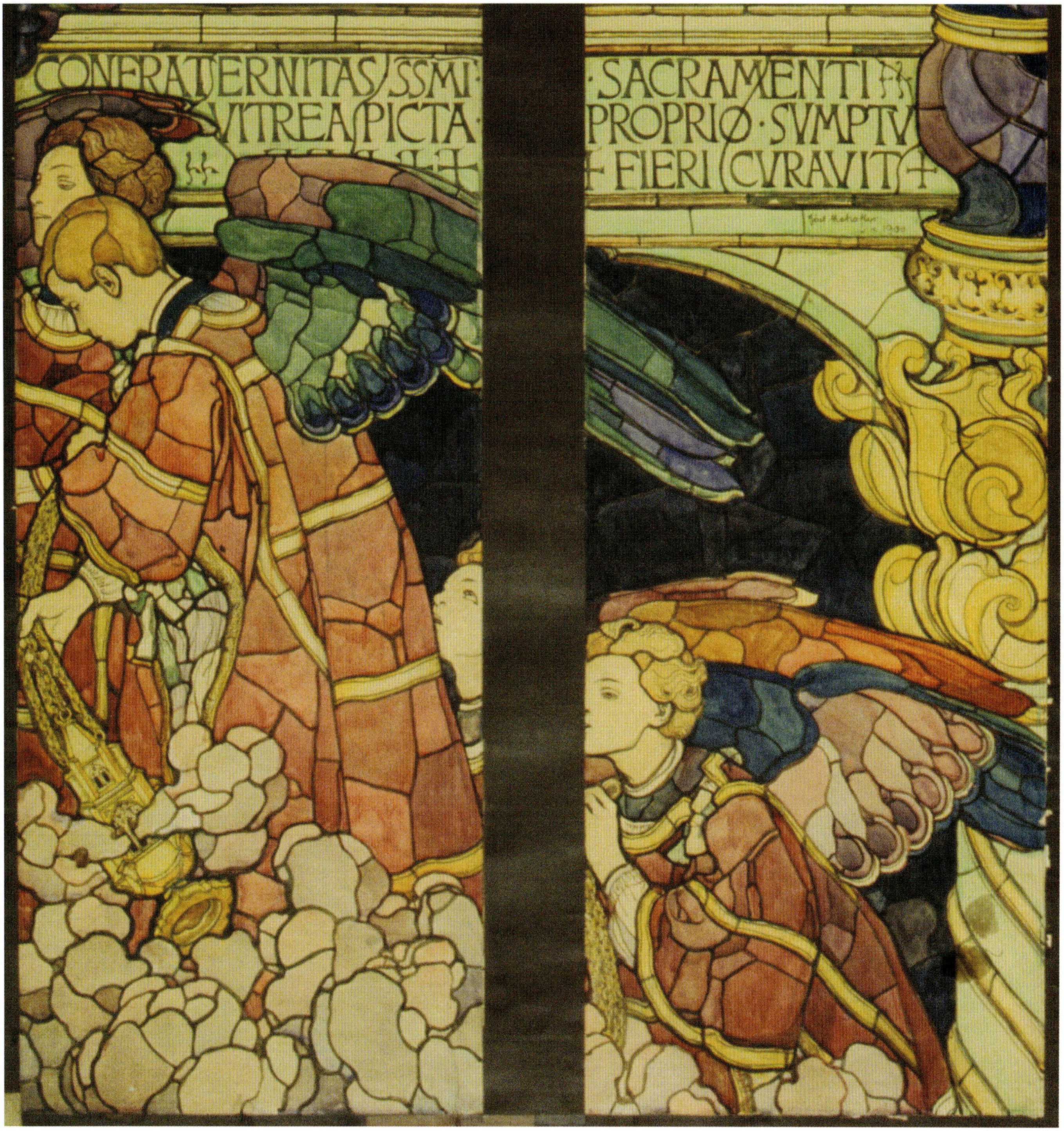

Aniołowie
1900
fragment kartonu do witraża *Najświętszy Sakrament*, do okna prawego

The Angels
1900
detail from cartoon for *The Blessed Sacrament*
right-hand-side stained-glass window

Karton do witraża *Najświętszy Sakrament*, namalowany przez artystę we Florencji, dokąd po ślubie wyjechał wraz z żoną Jadwigą, uaktywnia bogactwo tradycji symbolicznej tematu. Mówiąc o Tajemnicy Wiary i Odkupienia, Mehoffer odwołuje się m.in. do Psalmów i Apokalipsy świętego Jana. Swoją wizją uduchowionej dzieweczki – Oblubienicy Baranka – wpisuje też dzieło w krąg intelektualny *Boskiej Komedii* Dantego. Monumentalna grupa wspaniałych aniołów w dalmatykach łączy umiejętnie tradycję średniowiecznego obrazowania motywu z elementami secesyjnej stylizacji.

Mehoffer painted this cartoon for *The Blessed Sacrament* in Florence during his honeymoon. It is full of the subject's rich symbolism. For his account of the Mystery of Faith and Redemption Mehoffer turned to the Psalms and St. John's Book of Revelation. His vision of a spiritually enraptured maiden, the Lamb's Beloved, puts this work into the intellectual circle of Dante's *Divine Comedy*. The monumental group of angels in dalmatics smoothly links the medieval tradition for representations of this image with the Secession trends in stylisation.

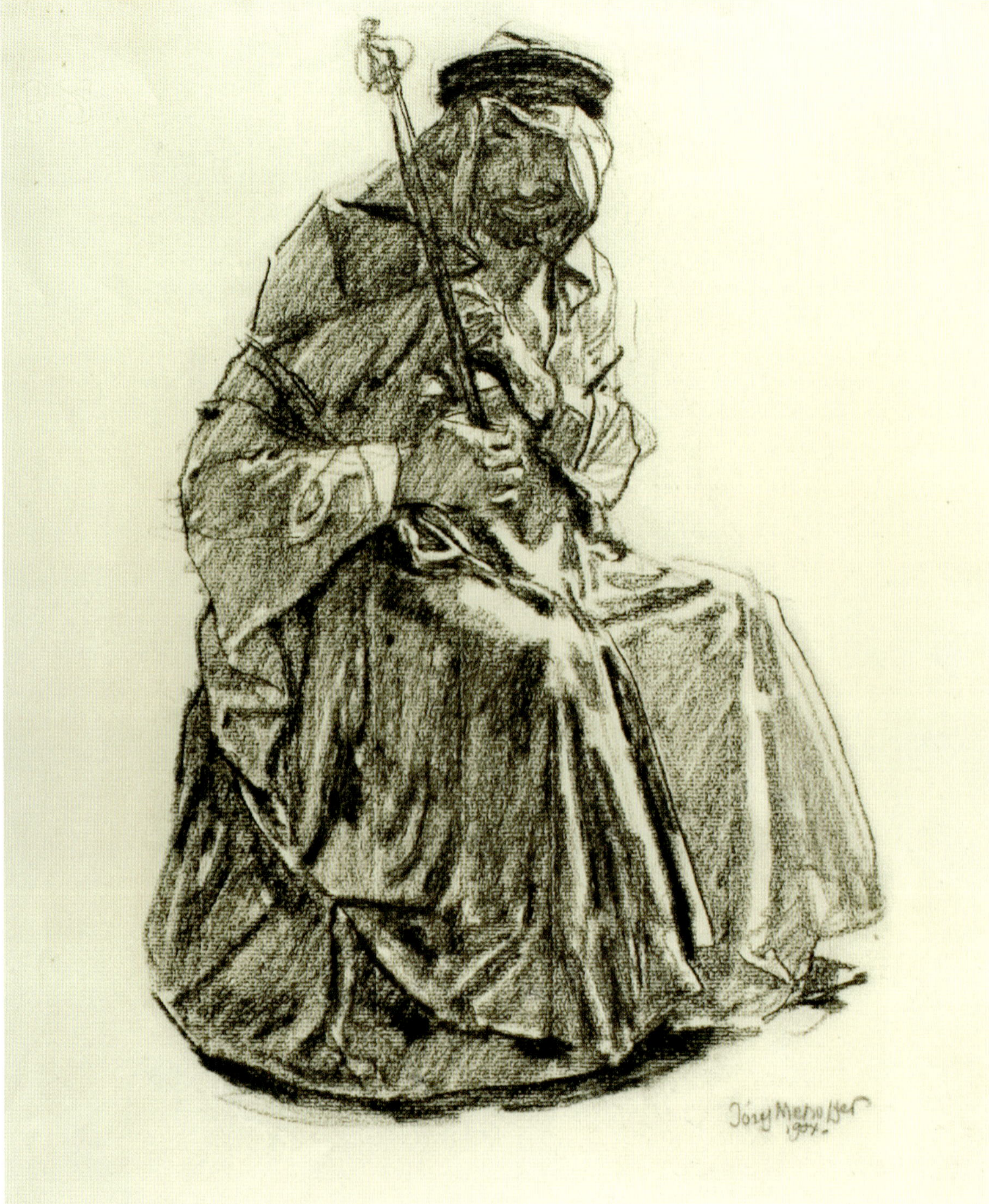

Herod
1904
studium
postaci
do witraża
Pokłon Trzech Króli
kredka, papier
48,0 × 47,0 cm

Herod
1904
figure study
for *The Adoration of the Magi*
stained-glass window
crayon on paper
48.0 × 47.0 cm

To na poły realistyczne studium do postaci Heroda I Wielkiego jest w istocie niepozbawionym żartobliwych elementów kryptoportretem Feliksa Mangghi Jasieńskiego, wybitnego krytyka i kolekcjonera, propagatora sztuki japońskiej.

This half-realistic study for Herod the Great entails a dash of humour. It is in fact a crypto-portrait of the distinguished art critic and collector, Feliks Manggha Jasieński, a great promoter of Japanese art.

MNK III-r.a.7099

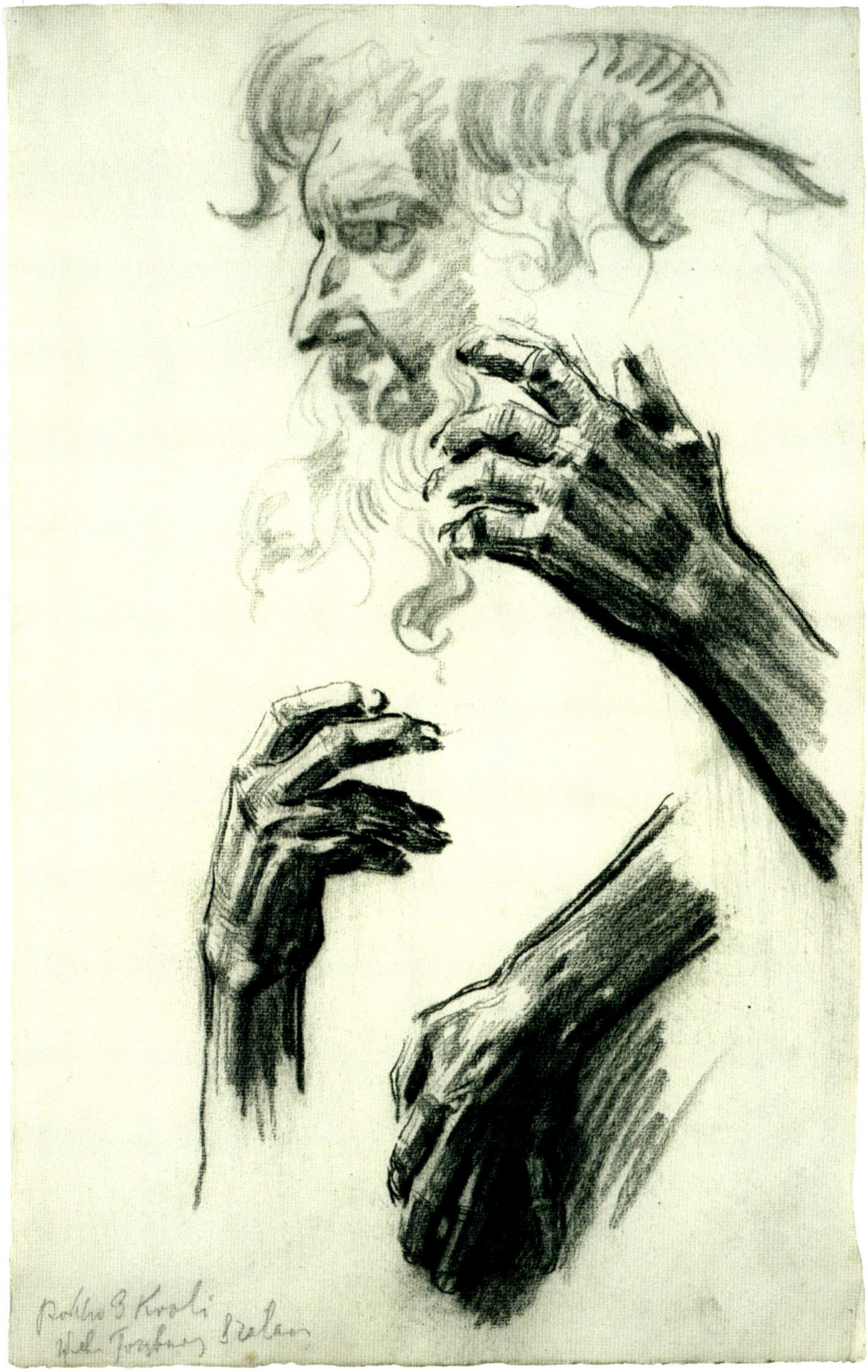

Studia głowy i rąk do postaci Szatana
1904
studia
do witraża
Pokłon Trzech Króli
węgiel, papier
48,0 × 31,0 cm

Studies of head and hands for the figure of Satan
1904
studies
for *The Adoration of the Magi*
stained-glass window
charcoal on paper
48.0 × 31.0 cm

Obok plastycznych notat o charakterze wstępnych uogólnień, wykonywał Mehoffer drobiazgowe studia analityczne, stanowiące ślad poszukiwań artystycznych. Te starannie wymodelowane, precyzyjne w opracowaniu szczegółu prace, o żywej, ale zdyscyplinowanej kresce, stanowią niejednokrotnie autonomiczne dzieła sztuki o wielkiej sile wyrazu.

Alongside the preliminary pictorial notes he made for his works, Mehoffer also produced meticulously analytic studies of detail, documenting his quests for artistic precision. Carefully modelled and punctilious over minute detail, with vivid but disciplined lines, many of these studies could stand on their own as autonomous, highly expressive works of art.

Własność prywatna

Private collection

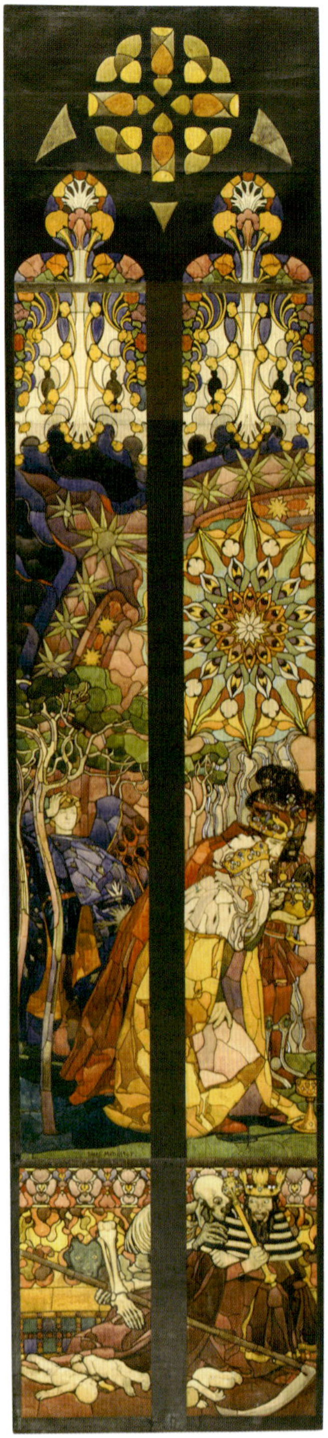

Trzej Królowie
1904
karton
do witraża
Pokłon Trzech Króli,
do okna lewego
akwarela, gwasz,
papier naklejony
na płótno
684,5 × 155,3 cm

The Three Kings
1904
cartoon for *The Adoration of the Magi*
left-hand-side
stained-glass window
watercolours and
gouache on paper
on canvas
684.5 × 155.3 cm

MNK ND 7375

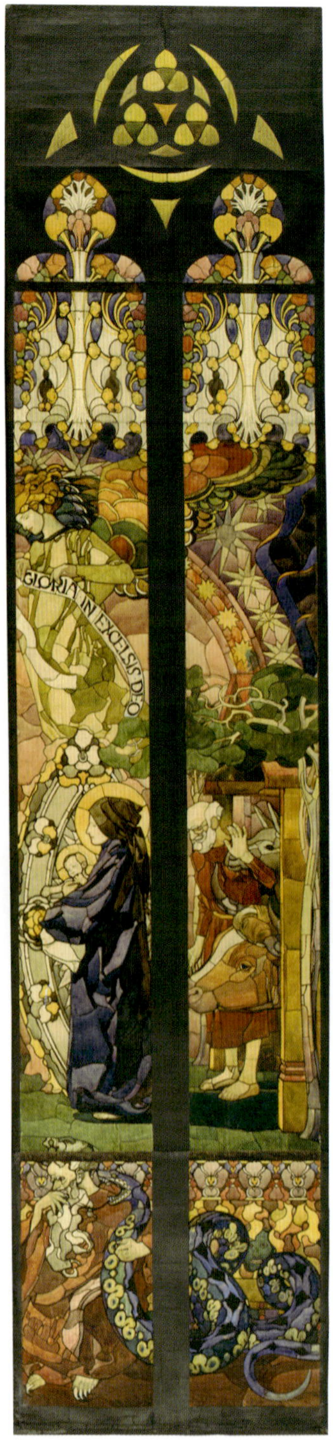

Święta Rodzina
1904
karton
do witraża
Pokłon Trzech Króli,
do okna prawego
akwarela, gwasz,
papier naklejony
na płótno
690,2 × 156,0 cm

The Holy Family
1904
cartoon for *The Adoration of the Magi*
right-hand-side
stained-glass window
watercolours and
gouache on paper
on canvas
690.2 × 156.0 cm

MNK ND 7376

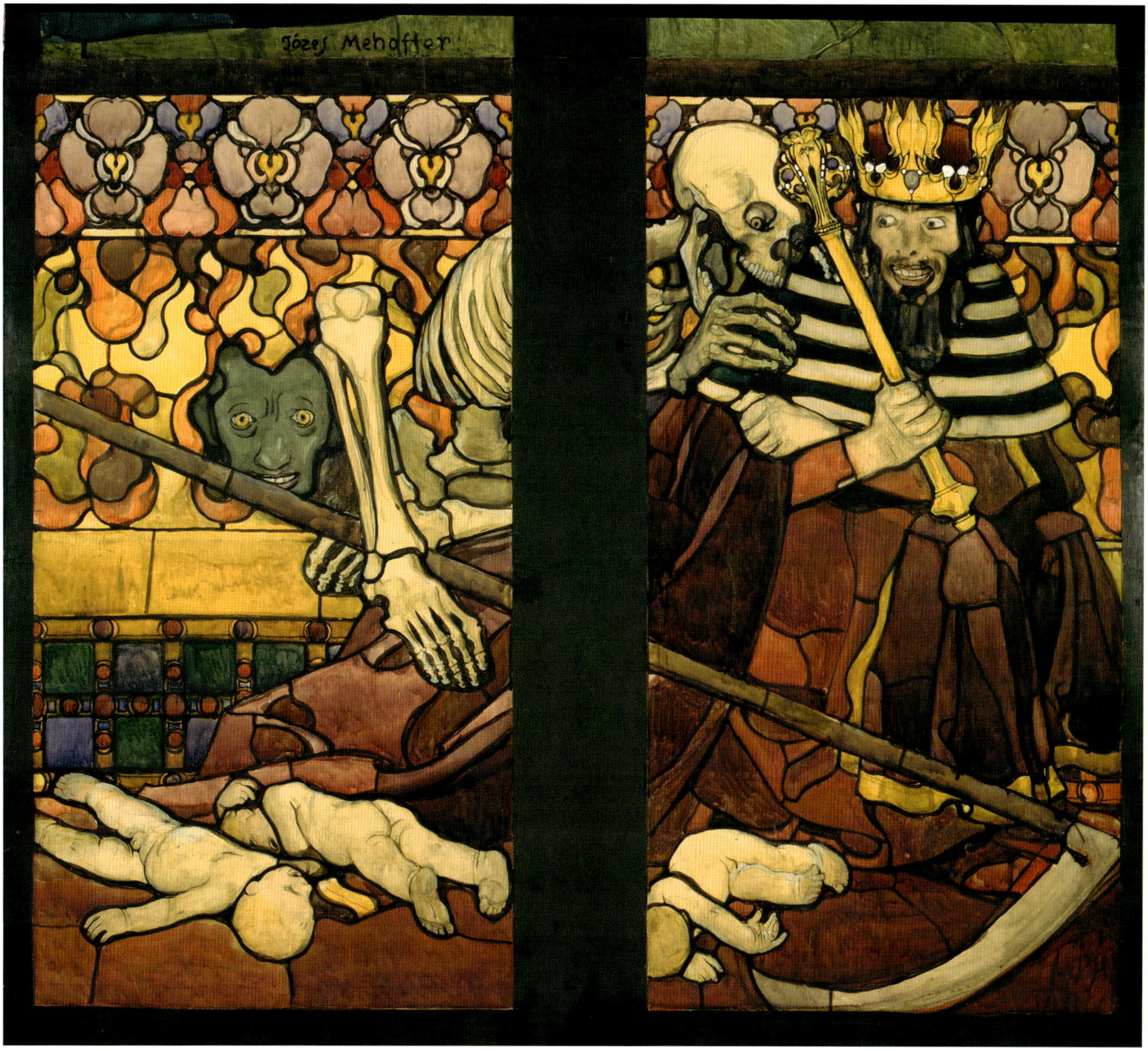

Herod i Śmierć
1904
fragment
kartonu
do witraża
Pokłon Trzech Króli,
do okna lewego

Herod and Death
1904
detail from cartoon
for *The Adoration of the Magi*
left-hand-side
stained-glass window

Artysta nadał dziełu kształt średniowiecznego misterium, żywego w tradycji polskiej pod postacią ludowej szopki i widowisk kolędniczych. W centrum przedstawił motyw główny – Adorację Magów – związany z epifanią. Bezmiarem zróżnicowanych linii, kształtów i barw zobrazował Mehoffer moc życia, wiecznie się odradzającego, bo opromienionego Boskim blaskiem.
U dołu witraża przedstawił zaś królestwo Szatana, a w nim Śmierć, Heroda i ciała niewiniątek. Wobec Boskiej chwały oraz potęgi życia Herod z ogromem swych zbrodni jawi się wręcz groteskowo.

Mehoffer cast his vision of Herod in the form of a medieval mystery play in its modern Polish projection, the folkloric Christmas crib and custom of carolling. He put his main subject, *The Adoration of the Magi* – the epiphanous experience of the Divine – in the centre, depicting the power of life eternally renewed through the divine light in an endless medley of lines, colours, and shapes. Below is the Kingdom of Satan, with Death and Herod over the slaughtered Innocents. Contrasted with God's glory and the power of life, Herod with his notorious atrocities just looks grotesque.

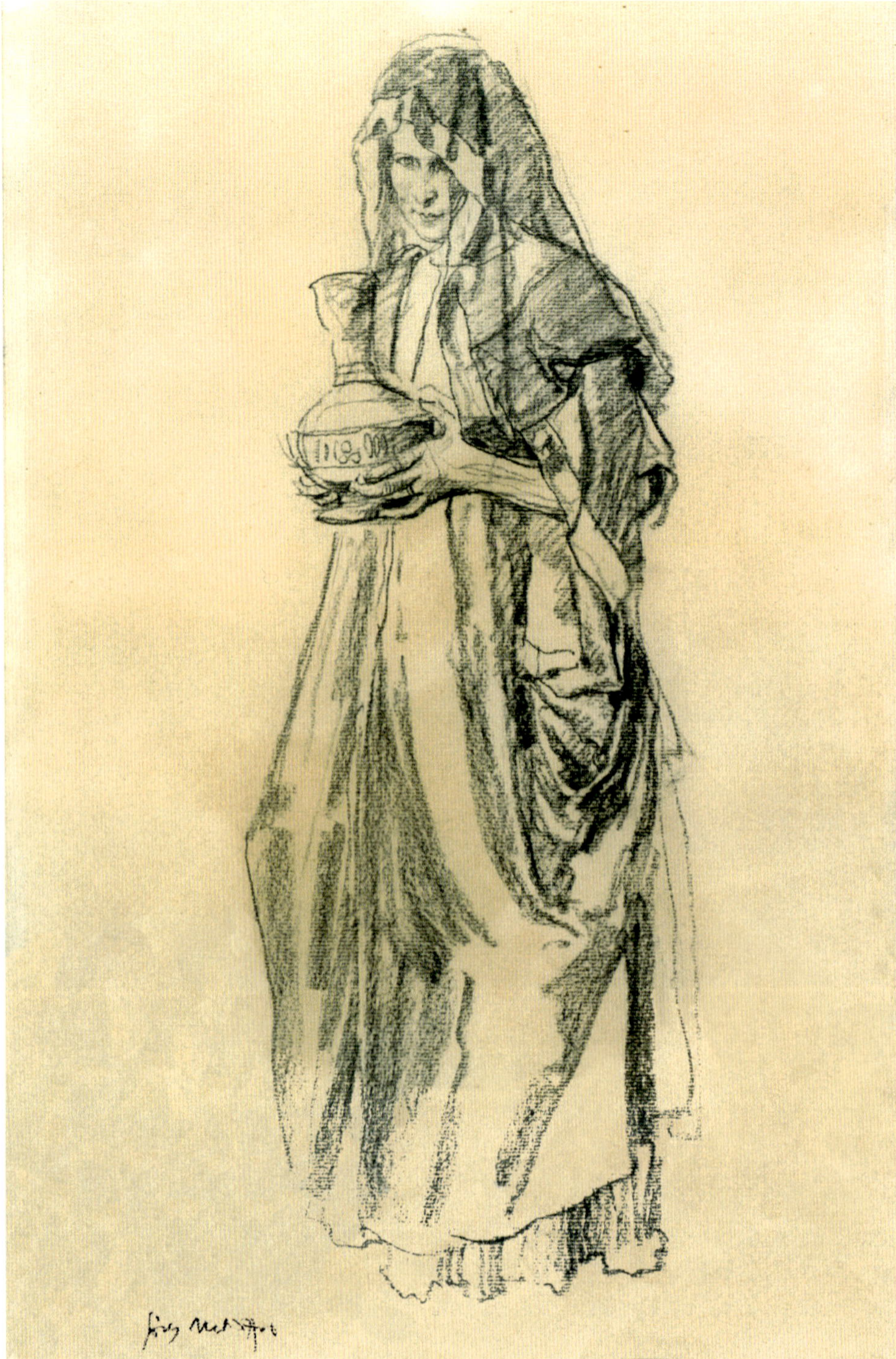

Święta Maria Magdalena „Jasna"
1908
studium postaci
do witraża
Święci i święte
węgiel, papier
47,0 × 31,0 cm

The Bright St. Mary Magdalene
1908
figure study
for *The Saints*
stained-glass window
charcoal on paper
47.0 × 31.0 cm

Niewykorzystane ostatecznie, jedno z trzech znanych studiów do postaci świętej Marii Magdaleny z witraża *Święci i święte*. Artysta opatrzył je osobnymi tytułami. Pozostałe to: *Święta Maria Magdalena „Pogodna"* i *Święta Maria Magdalena „Tragiczna"*. Przejmujący wyraz pokory, ekspresja wychudzonych dłoni i rąk *Świętej Marii Magdaleny „Jasnej"* nieodparcie przywodzą na myśl rzeźbę Donatella z florenckiego baptysterium.

Mehoffer never applied this study, one of three he is known to have made for St. Mary Magdalene in the stained-glass window of *The Saints*. He gave them different names, *The Calm St. Mary Magdalene* and *The Tragic St. Mary Magdalene*. The touching look of humility on the face and the expressiveness of the thin hands and arms of *The Bright St. Mary Magdalene* irresistibly call to mind the sculpture by Donatello in Florence's Baptistery.

MNK ND 8700

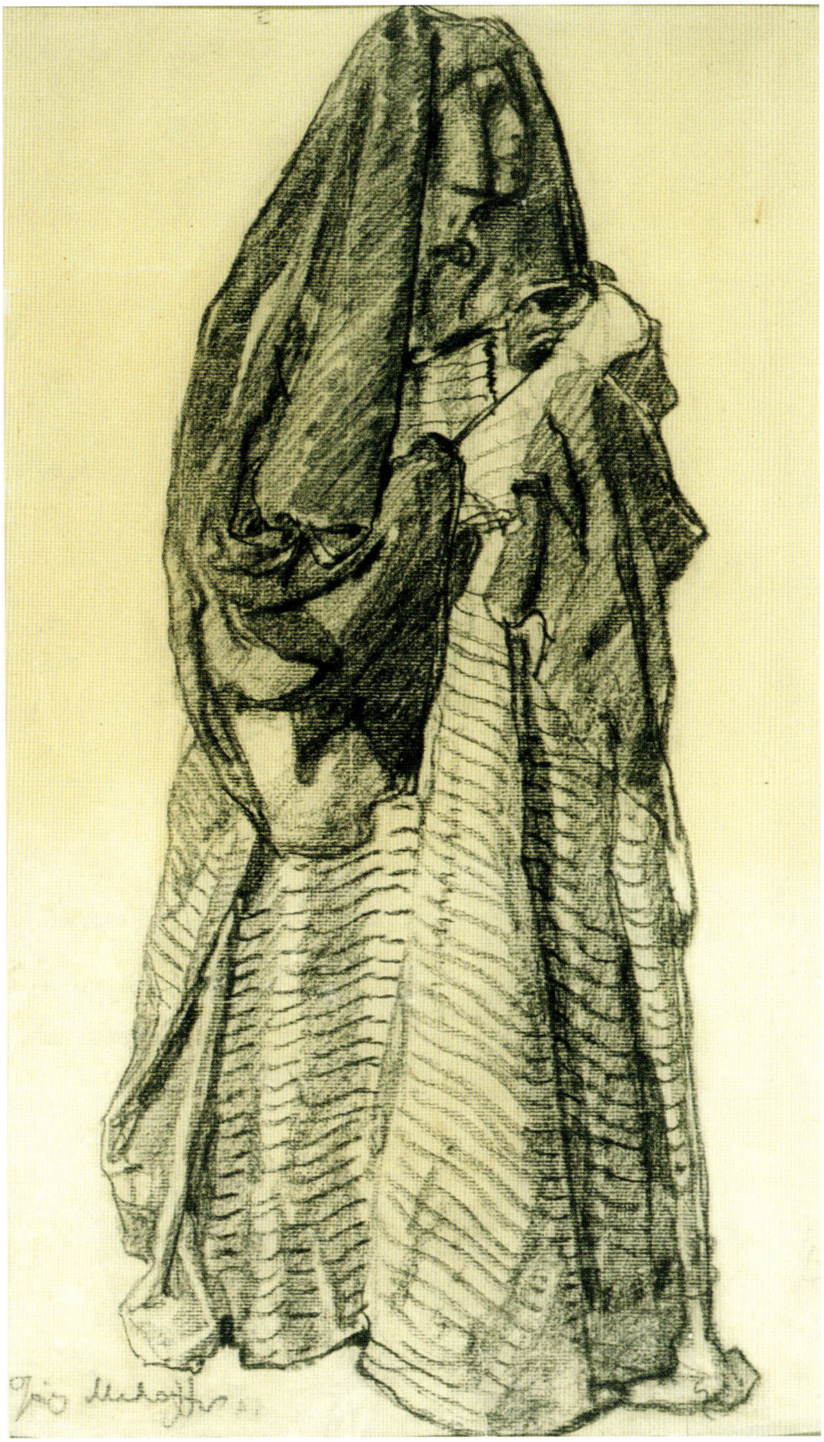

Święta Maria Magdalena „Tragiczna"
1908
studium postaci do witraża
Święci i święte
węgiel, papier
47,5 × 31,5 cm

The Tragic St. Mary Magdalene
1908
figure study for *The Saints* stained-glass window
charcoal on paper
47.5 × 31.5 cm

Studium wykorzystane w ostatecznej wersji kartonu. Podobnie jak do pozostałych, pozowała do niego Jadwiga Mehofferowa. Maria Magdalena jawi się w nim, zgodnie ze *Złotą legendą*, jako zachwycająca bogactwem i urodą spadkobierczyni znakomitego królewskiego rodu, pani grodu Magdala, która – kierowana wolą Bożą – spieszy do domu Szymona trędowatego, by tam łzami obmyć stopy Chrystusa i uzyskać przebaczenie win.

The study used in the final version of the cartoon. The poser for all three was Mehoffer's wife. Here Mary Magdalene appears in line with the story in *The Golden Legend*, as a rich and ravishingly beautiful heiress of royal lineage, the Lady of Magdala, inspired by the will of God to hurry to the house of Simon the Leper, and there to wash Jesus's feet with her tears and obtain remission for her sins.

MNK III-r.a. 9708

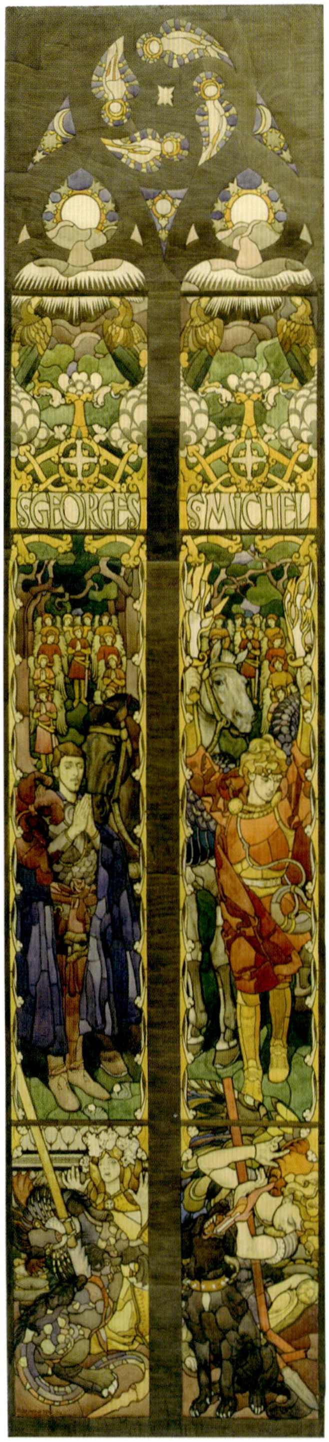

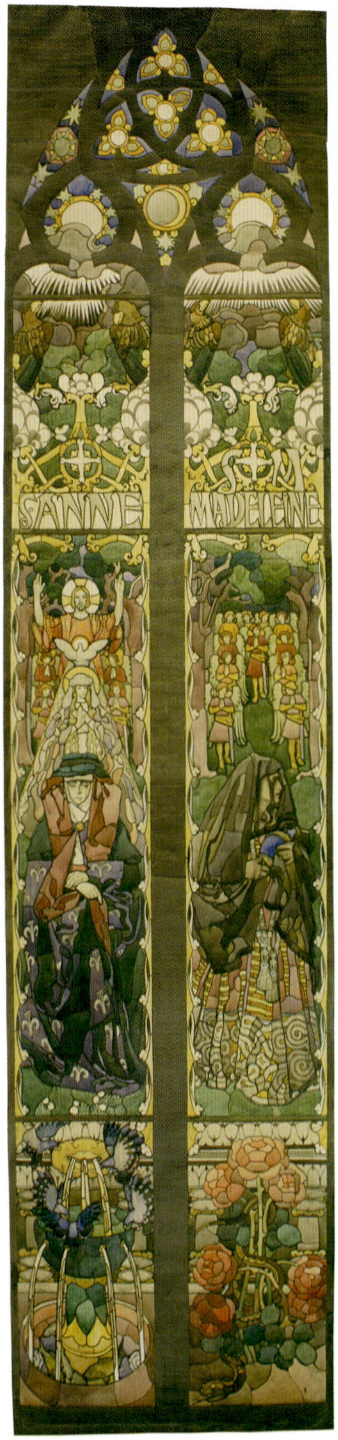

Święty Jerzy
i święty Michał
1909
karton
do witraża *Święci*
i święte, do okna
lewego
akwarela, gwasz,
papier naklejony
na płótno
675,5 × 154,0 cm

St. George
and St. Michael
1909
cartoon for *The Saints*
stained-glass
left-hand-side
window
watercolours and
gouache on paper
on canvas
675.5 × 154.0 cm

MNK ND 7372

Święta Anna
i święta Maria
Magdalena
1909
karton
do witraża
Święci i święte,
do okna prawego
akwarela, gwasz,
papier naklejony
na płótno
680,0 × 154,5 cm

St. Anne
and St. Mary
Magdalene
1909
cartoon for *The Saints*
stained-glass
right-hand-side
window
watercolours and
gouache on paper
on canvas
680.0 × 154.5 cm

MNK ND 7371

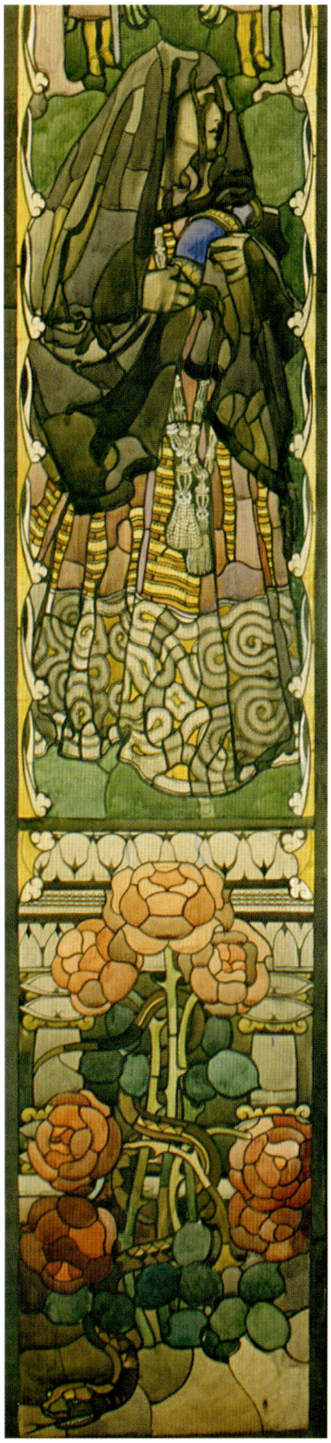

Święta Maria Magdalena
1909
fragment kartonu do witraża *Święci i święte*, do okna prawego

St. Mary Magdalene
1909
detail from cartoon for *The Saints* stained-glass right-hand-side window

W witrażu *Święci i święte* po raz kolejny daje Mehoffer wyraz swojemu nadzwyczajnemu talentowi ornamentacyjnemu. Jest to również dzieło erudycyjne – bogate w znaczenia, wątki, symbole, odniesienia do europejskiej tradycji artystycznej; przepojone fantazją oraz poczuciem triumfującego dobra i urody życia. Maria Magdalena – wspaniała, zmysłowa, w bogatej, wzorzystej szacie – jedynie narzuconym na głowę i ramiona czarnym woalem daje wyraz dokonującemu się właśnie nawróceniu. Wiarygodność skruchy poświadcza, przedstawiony w dolnej kwaterze witraża, rozkwitający krzew róży, z którego umyka wąż.

In *The Saints* Mehoffer once again displays his extraordinary talent of ornamentation. This is also an erudite work – rich in meanings, motifs, symbols, and references to the European tradition in art, and replete with fantasy and a sense of triumphant good and the beauty of life. Only the black veil over the head and shoulders of a magnificently sensuous Mary Magdalene in an elaborately patterned robe hints at the spiritual transformation she is undergoing. Her remorse is given credibility in the lower panel, where a serpent is slinking away from a rose-bush.

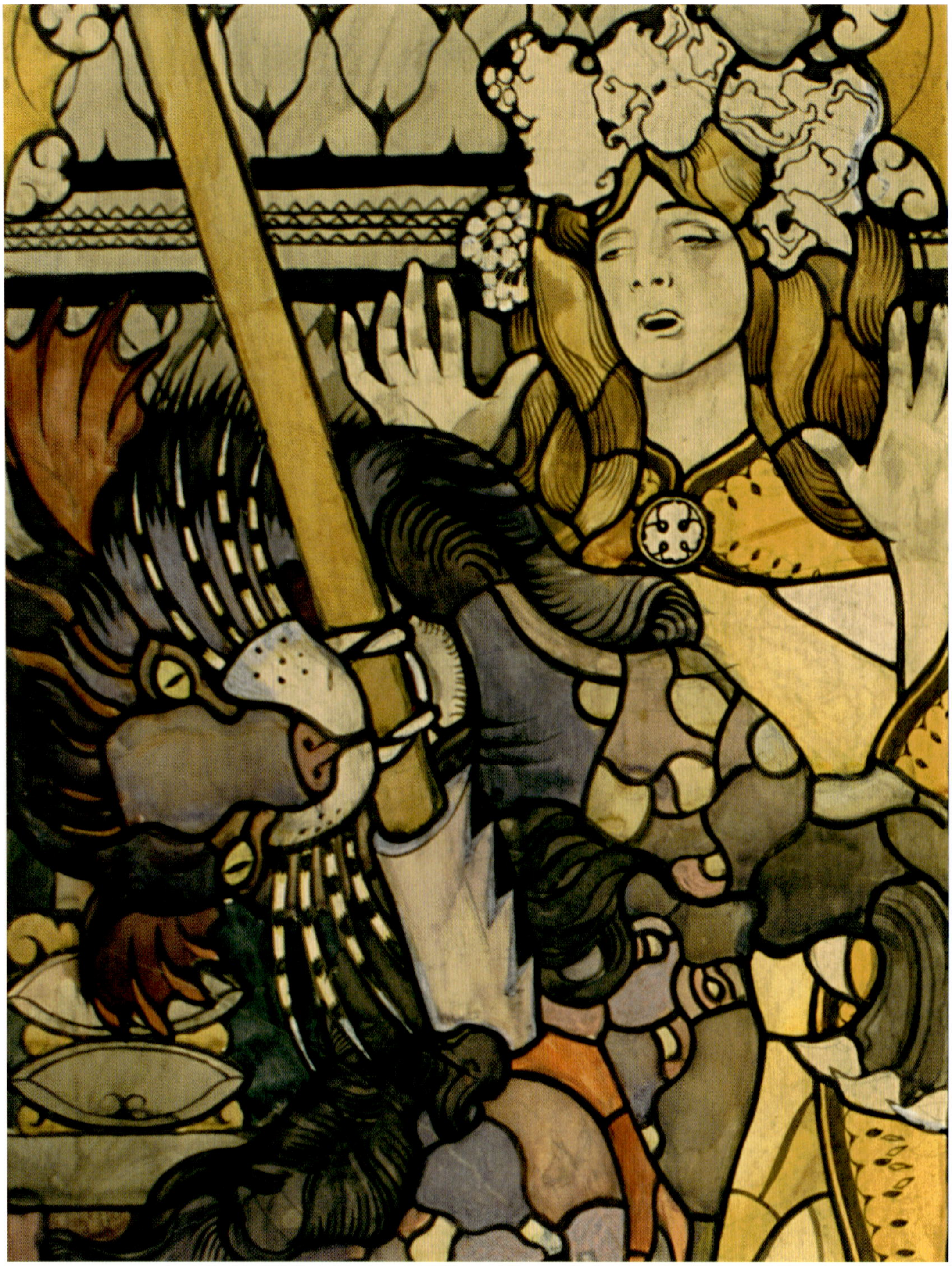

Przestraszona księżniczka
1909
fragment kartonu do witraża *Święci i święte*, do okna lewego

The Terrified Princess
1909
detail from cartoon for *The Saints* stained-glass left-hand-side window

Fragment dolnej strefy witraża, przedstawiający bestię i śliczną, zastygłą w przerażeniu pannę dopełnia znaczeń sceny ze świętym Jerzym. Do samej postaci świętego (s. 88) pozował Tadeusz Makowski – uczeń artysty. Jego ascetyczna twarz i skupienie wewnętrzne pozwoliły Mehofferowi na sugestywne wyrażenie wartości duchowych. Bestia ma natomiast także znaczenie metaforyczne. Zwycięstwo nad smokiem, to zwycięstwo ducha nad materią. Dynamiczne, fantastyczne zwierzę zrodziło się w wyobraźni artysty z przekształcenia i monstrualnego powiększenia kota z letniej siedziby Mehofferów w Jankówce.

Detail from the window's lower part, showing the dragon and a terrified beauty, a completion of the symbolism of the St. George scene. Mehoffer's model for St. George (p. 88) was his student Tadeusz Makowski, whose ascetic face and inner concentration gave Mehoffer the opportunity for a suggestive depiction of spiritual values. The dragon has a metaphorical meaning as well. Vanquishing the dragon denotes the victory of the spirit over matter. The figure of this furious creature arose in Mehoffer's imagination through a monstrous metamorphosis of a cat in his summer residence at Jankówka.

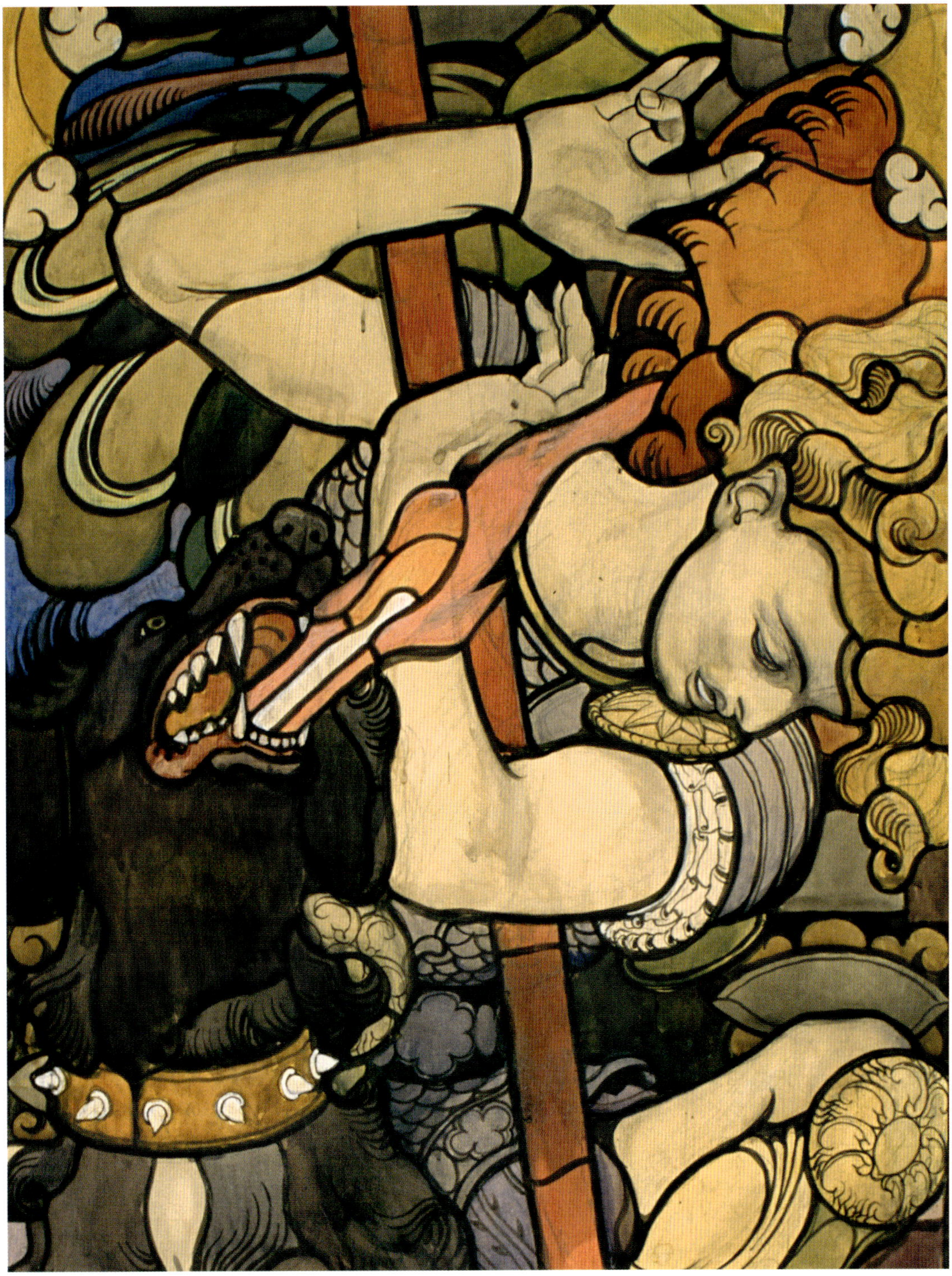

Strącony anioł
1909
fragment kartonu do witraża *Święci i święte*, do okna lewego

The Fallen Angel
1909
detail from cartoon for *The Saints* stained-glass left-hand-side window

Uznanie dla witraża nie było jednomyślne. Głosom zachwytu towarzyszyły obawy, by wspaniała postać Lucyfera, wodza zbuntowanych aniołów, nie budziła fascynacji tragicznym pięknem upadłej wielkości. Mehofferowska interpretacja motywu strąconego anioła znajduje liczne odniesienia w europejskiej tradycji literacko-artystycznej, m.in. w twórczości Johna Miltona i Williama Blake'a. Pojawia się w niej również refleks romantycznego motywu humanizacji Szatana.

There was a mixed response to this detail. Alongside admiration, there was also anxiety that the magnificent figure of Lucifer, leader of the mutinous angels, might inspire fascination with the tragic beauty of fallen greatness. Mehoffer's interpretation of the fallen angel finds many echoes in the European literary and art tradition, e.g. the works of John Milton and William Blake. It also recalls the Romantic motif in which Satan is humanised.

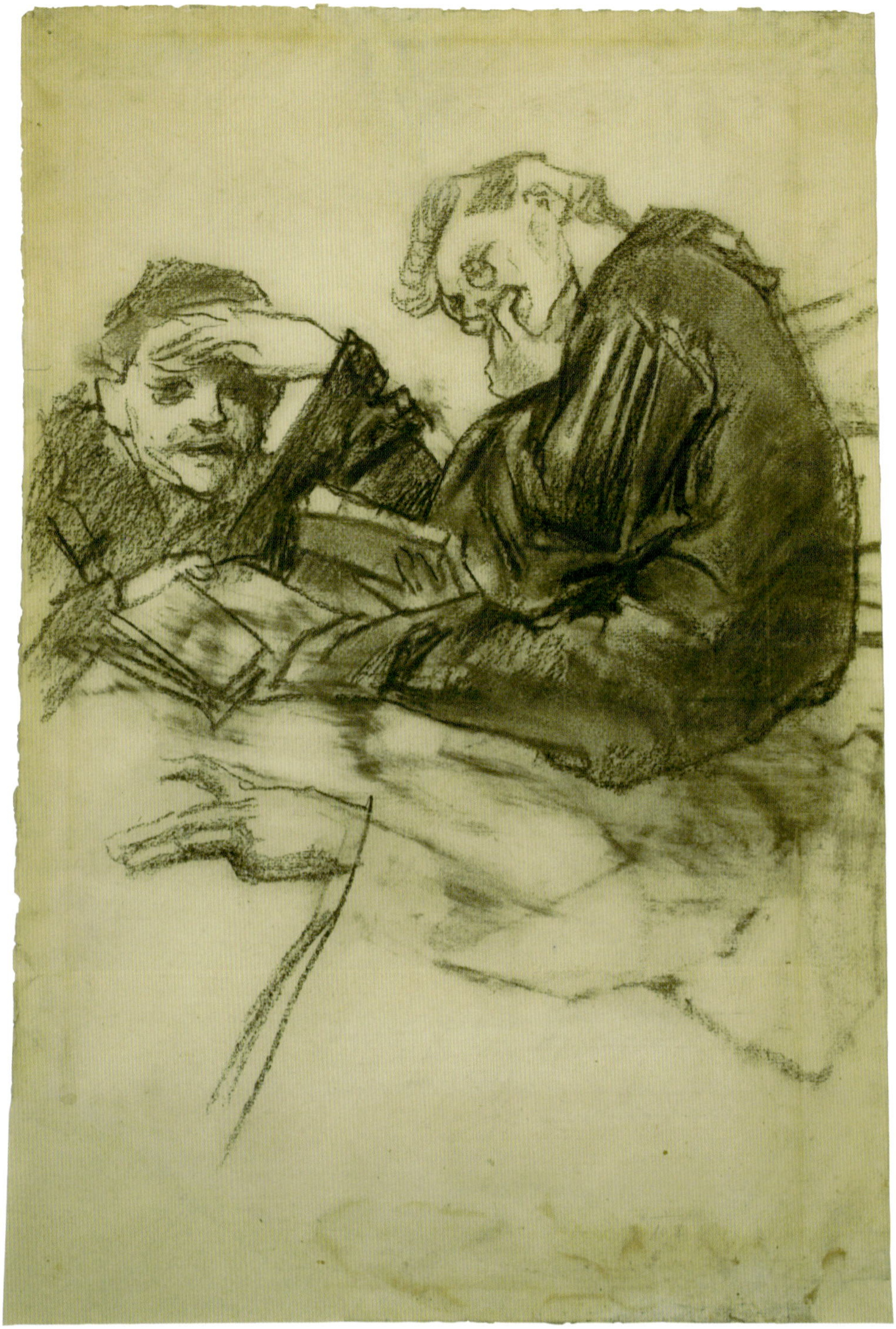

Stanisław Wyspiański
Podwójny portret Józefa Mehoffera
1891–1893
węgiel, papier
46,9 × 31,8 cm

Stanisław Wyspiański
Double portrait of Józef Mehoffer
1891–1893
charcoal on paper
46.9 × 31.8 cm

Rysunek ten, ze studenckich, paryskich lat Mehoffera i Wyspiańskiego (zob. s. 12 i 13) stanowi niejako ilustrację fragmentu listu do Lucjana Rydla z dnia 8 marca 1893: „Obecnie siedzę przy stoliku naszym improwizowanym, lampa się świeci ze stłuczonym szkiełkiem, Mehoffer siedzi naprzeciwko i gwiżdże, dopiero co skończył mię rysować, jak piszę – obecnie zabiera się rysować część pokoiku. – My tu ciągle rysujemy i malujemy się nawzajem co chwila, a całe dnie spędzamy na komponowaniu okien lwowskich" (cyt. wg: *Listy Stanisława Wyspiańskiego do Lucjana Rydla*, Kraków 1979, cz. 1, s. 229).

This drawing, a portrait of Wyspiański and Mehoffer from their student days in Paris (see p. 12 and 13), is a sort of illustration to a letter to Lucjan Rydel, dated 8th March 1893, "I am sitting at our improvised table, we have lit our lamp, which has a cracked glass tube. Mehoffer is sitting opposite me and whistling. He's just finished drawing me writing and now he's going to draw the room. We are drawing and painting pictures of each other all the time, and spend days on end designing compositions for the Lwów windows" (from Wyspiański's correspondence with Lucjan Rydel, *Listy Stanisława Wyspiańskiego do Lucjana Rydla*, Kraków, 1979, Part I, p. 229).

MNK III-r.a. 2804

	Kalendarium życia i twórczości	Chronology
1869	przychodzi na świat w Ropczycach jako syn Wilhelma von Mehoffera – spolonizowanego Austriaka, radcy sądowego i Aldony z Polikowskich	born at Ropczyce, as the son of the legal advisor Wilhelm von Mehoffer, a Polonised Austrian, and his wife Aldona née Polikowska
1870	rodzina przenosi się do Krakowa	the family moves to Cracow
1873	umiera Wilhelm von Mehoffer, dalszym wychowaniem synów, w duchu polskości zajmuje się matka	Wilhelm von Mehoffer dies, and his widow brings the children up in the Polish tradition
1887	Józef składa maturę, podejmuje studia na Wydziale Prawa Uniwersytetu Jagiellońskiego i w Szkole Sztuk Pięknych w Krakowie	finishes grammar school and is admitted to read Law at the Jagiellonian University and to the Cracow School of Fine Arts
1888	przebywa w Wiedniu, gdzie finalizuje studia prawnicze i kontynuuje malarskie	in Vienna to complete his law studies and continue his art education
1890	powraca na krakowską uczelnię artystyczną; pracuje, wraz z Wyspiańskim, przy realizacji polichromii Jana Matejki w kościele Mariackim w Krakowie	returns to the Cracow Academy of Fine Arts and, together with Wyspiański, applies Matejko's mural design to the walls of St. Mary's
1891–1896	uzyskawszy stypendium, wyjeżdża do Paryża na dalsze studia; początkowo mieszka i pracuje ze Stanisławem Wyspiańskim	living and working in Paris (except for a period in 1894), at first sharing a flat and studio with Stanisław Wyspiański
1895	wygrywa konkurs na witraż do katedry we Fryburgu, zapoczątkowując blisko czterdziestoletnią pracę nad zespołem fryburskich witraży	wins the competition for the stained-glass windows of Fribourg Cathedral, Switzerland, and embarks on a nearly 40-year period of work on this project
1897	jest jednym z założycieli Towarzystwa Artystów Polskich „Sztuka”	one of the founding members of the artists' society Towarzystwo Artystów Polskich Sztuka
1899	poślubia Jadwigę Janakowską	marries Jadwiga Janakowska
1900	zostaje docentem na ASP w Krakowie; otrzymuje złoty medal na wystawie światowej w Paryżu za fryburski witraż *Męczennicy*	appointed to a senior teaching post in the Cracow Academy of Fine Arts, and awarded the gold medal at the Paris world exhibition for his Fribourg stained-glass window *The Martyrs*
1901	maluje dekorację skarbca w katedrze na Wawelu, projektuje witraże do kaplicy Grauerów w Opawie	paints the decoration of the Treasury of Wawel Cathedral and designs the stained glass for the Grauer Chapel, Opawa
1902/03	maluje swój najsłynniejszy obraz – *Dziwny ogród*	paints his best-known work, *The Strange Garden*
1904	na wystawie światowej w St. Louis w USA otrzymuje złoty medal za obraz *Śpiewaczka* oraz srebrny medal za witraż *Vita somnium breve*	awarded the gold medal at the St. Louis World Exhibition for the painting *The Singer*, and the silver medal for the stained glass *Vita Somnium Breve*

1905	zostaje profesorem w ASP w Krakowie	appointed to a professorship in the Cracow Academy of Fine Arts
1906	projektuje dekorację i wyposażenie sali posiedzeń Izby Handlowej i Przemysłowej w Krakowie	designs the interior decoration and furnishings for the meeting room in the Cracow Chamber of Commerce and Industry
1907	kupuje dwór w Jankówce	purchases a country property at Jankówka
1909–1911	wykonuje kartony do witraży transeptu katedry na Wawelu	designs the cartoons for the stained-glass windows in the transept of Wawel Cathedral

Ogród przy Domu Józefa Mehoffera
fotografia

The Garden of Mehoffer House
photograph

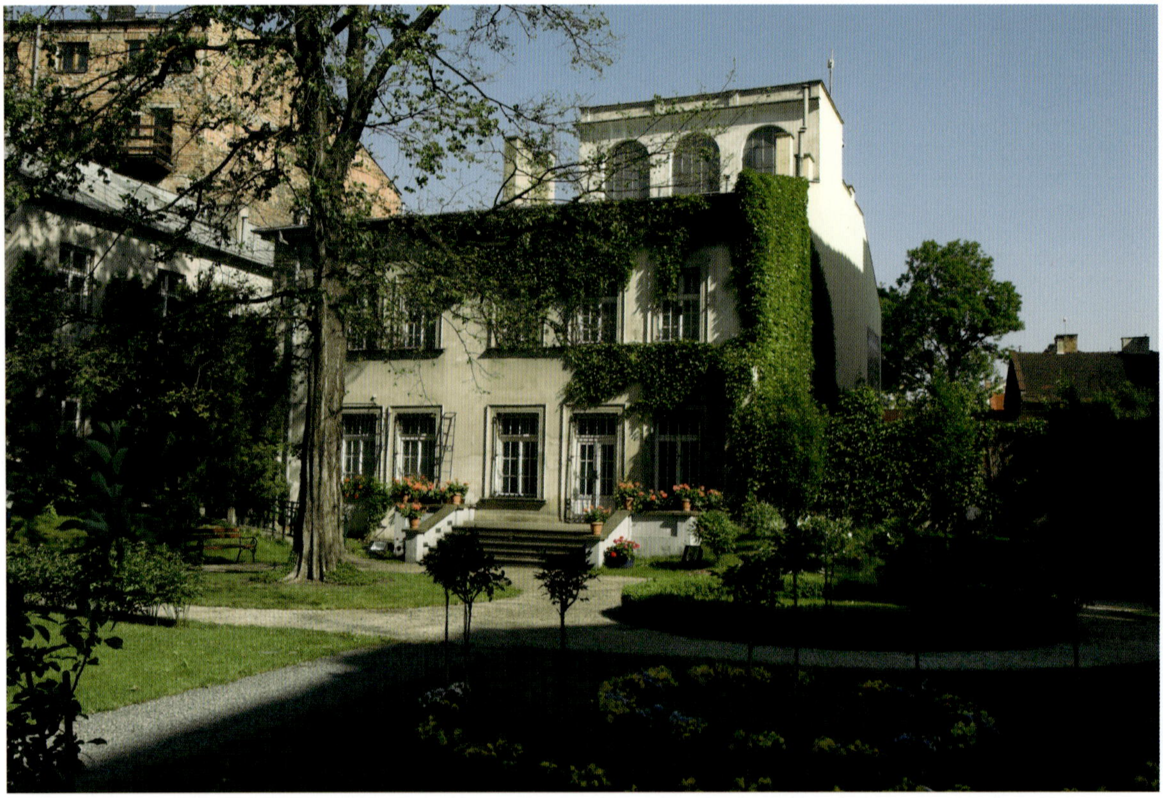

1925	w Paryżu zdobywa *grand prix* za witraże do kaplicy Świętokrzyskiej na Wawelu	awarded the Grand Prix in Paris for the stained-glass windows of the Holy Cross Chapel in Wawel Cathdral
1932	projektuje ostatni karton do Fryburga	designs the last Fribourg cartoon
1933–1937	projektuje i realizuje dekoracje i wyposażenie kościoła w Turku	designs and makes the interior decoration and furnishings for Turek Church
1940	wraz żoną i jej siostrą zostaje osadzony przez Niemców w obozie w Asch w Sudetach; wychodzi na wolność po interwencji Watykanu	the Germans deport Mehoffer, his wife and her sister to a concentration camp at Asch in the "Sudentenland"; he is released only on the Vatican's intervention
1946	umiera w Wadowicach	dies at Wadowice

Podstawowa bibliografia Selected Bibliography

Artykuły i książki / Books and articles:

William Ritter, *Joseph Mehoffer*, [w:] tenże, *Etudes d'Art étranger*, Paris 1906, p. 123–181

Władysław Kozicki, *Józef Mehoffer*, „Sztuki Piękne", III, 1926–1927, s. 365–411

Jadwiga Puciata-Pawłowska, *Józef Mehoffer*, Wrocław 1969

Olgierd Błażewicz, *Wczesne obrazy Mehoffera w zbiorach poznańskich*, „Studia Muzealne", VII, 1970, s. 28–44

Adam Radajewski, *Józef Mehoffer*, Warszawa 1976

Tadeusz Adamowicz, *Witraże fryburskie Józefa Mehoffera. Monografia zespołu*, Wrocław–Warszawa–Kraków–Gdańsk–Łódź 1982

Tadeusz Adamowicz, Irena Bal, *Mehoffer Józef*, [hasło w:] *Słownik artystów polskich i obcych w Polsce działających. Malarze, rzeźbiarze, graficy*, Warszawa 1993, t. V, Le-M, s. 466–476

Hortensia von Roda, *Die Glasmalereien von Józef Mehoffer in der Kathedrale St. Nicolaus in Freiburg i. Ue.*, „Gesellschaft für Schweizerische Kunstgeschichte. Beiträge zur Kunstgeschichte der Schweiz 7", Bern, 1995

Marta Smolińska-Byczuk, *Młody Mehoffer*, Kraków 2004

Katalogi wystaw / Exhibition Catalogues:

Józef Mehoffer. Katalog wystawy zbiorowej, Muzeum Narodowe w Krakowie, słowo wstępne Helena Blum, katalog Zofia Tobiaszowa, Zofia Kucielska, Kraków 1964

Kazimierz Czarnecki, *Grafika Józefa Mehoffera. Katalog wystawy*, Muzeum Mazowieckie w Płocku, Płock 1983

Józef Mehoffer. Opus magnum, red. Jerzy Żmudziński, teksty: Valerie Sauterel, Edward Waligóra, Anna Zeńczak; katalog: Joanna Wapiennik-Kossowicz, Anna Zeńczak, Jerzy Żmudziński, Muzeum Narodowe w Krakowie, Kraków 2000

Józef Mehoffer (1869–1946). Un peintre symboliste polonais. Catalogue établi par Anna Zeńczak, Xavier Deryng et Marta Smolińska-Byczuk, Beata Studziżba, Joanna Wapiennik-Kossowicz, Musée d'Orsay, Paris 2004

Wybrane teksty Józefa Mehoffera / Selected texts by Józef Mehoffer:

Uwagi o sztuce i jej stosunku do natury, „Przegląd Polski", 1897

Uwagi o sztuce. Odpowiedź na list hr. Karola Lanckorońskiego w sprawie restauracji katedry na Wawelu, 1903

Witraż jako kompozycja dekoracyjna, Warszawa 1939

Dziennik, opracowała i komentarzem opatrzyła Jadwiga Puciata-Pawłowska, Kraków 1975

Skróty

MNK – Muzeum Narodowe w Krakowie
MNW – Muzeum Narodowe w Warszawie

l. – lewa
p. – prawa
d. – dół

Obiekty oznaczone skrótem MNK ND stanowią własność prywatną w depozycie w Muzeum Narodowym w Krakowie

Abbreviations

MNK – National Museum in Cracow
MNW – National Museum in Warsaw

l. – left
r. – right
b. – bottom
ca. – circa

Items marked MNK ND are privately owned deposits in the National Museum in Cracow

Muzeum Narodowe w Krakowie
Gmach Główny
Al. 3 Maja 1
30-062 Kraków
tel. +48 (12) 29 55 600
www.muzeum.krakow.pl

BOSZ

38-622 Olszanica 311
Biuro / Office: ul. Parkowa 5, 38-600 Lesko
tel. +48 (13) 469 90 00
fax +48 (13) 469 61 88
www.bosz.com.pl
e-mail: biuro@bosz.com.pl